줄기러기는 두 번
에베레스트를 넘는다

공원식, 열정과 도전의 기록

줄기걷기는 두 번 에베레스트를 넘는다

공원식 지음

책읽는달

● 머리말

이순의 세월을
불꽃처럼 강물처럼

줄기러기는 고난과 역경을 이겨낸 도전의 아이콘이다.

봄, 가을 두 차례 떼를 지어 지구에서 가장 높고 험한 산을 넘어 다닌다. 인도의 저지대에서 겨울을 보낸 뒤 봄이 되면 곧바로 해발 9,000미터나 되는 에베레스트를 넘어 티베트 고원으로 이동하고 가을이 되면 갔던 길을 되밟아 돌아온다.

여느 기러기들이 속리산 높이의 해발 900미터를 날아다니며 나름대로의 안락한 삶을 즐기는 것에 비하면 온도 변화와 산소 부족 같은 목숨을 담보로 하는 극한의 어려움을 이겨내는 줄기러기의 비행고도는 '무모한 도전'처럼 보인다.

'한번 날아오르면 반드시 저 하늘 높은 곳에 날아오르리라'는 '비필충천(飛必沖天)'의 기운이 줄기러기에게서 느껴진다.

돌이켜보면 내가 걸어온 길이 줄기러기의 도전적 삶을 닮지 않았나 싶다.

그도 그럴 것이 이순(耳順)이 지나도록 여전히 내 삶을 지배한 화두는 열정과 도전의 연속이었기 때문이다.

지독한 가난을 벗어나기 위해 실업계 고등학교(포항제철공고 1기)에 진학했고 대학 진학의 꿈은 아예 포기한 채 대한민국에서 가장 안정적인 직장의 하나인 포스코에 입사했다.

그러나 안정된 직장이 주는 달콤함은 오래가지 못했다. 내 핏속에 꿈틀거리는 새로운 세계를 향한 도전 욕구를 잠재울 수 없었다. 나는 공동체의 삶에 대해 관심을 가지게 됐고 마침내 고인이 되신 이성수 전 국회의원을 도와 정치에 입문했다. 먹고 살기 위해 포스코에 입사한 일이 첫 번째 도전이었다면 이 전 의원을 도와 정치에 입문한 것은 두 번째 도전이었다.

이후 포항시의회 의원, 포항시의회 의장, 경상북도 정무부지사, 경상북도관광공사 사장으로 새로운 세계로 도전하며 더 성숙한 인간으로 나아갈 수 있었다. 경력이 말해주듯 나는 새로운 일을 찾아 나섰고 나름대로 성과를 거뒀다고 자부한다. 열정과 도전이 없었다면 이뤄낼 수 없는 일들이다.

좋은 일만 있었던 것도 아니다. 2006년 지방선거에서 포항시장에 출마했다가 한나라당 후보경선에서 떨어졌다. 눈에 넣어도 아프지 않을 것 같은 아들 지웅이가 교통사고로 척추장애를 입고 휠체어에 의지해 살고 있다. 엄청난 좌절과 정신적 혼란을 겪었다. 평범한 직장생활을 내던지고 바람 잘 날 없는 선출직의 길을 나선 것을 후회했고 한 때는 신의 큰 사랑을 의심하기도 했다.

그러나 나는 일어섰다. 2007년 대통령 선거와 국회의원 선거에서 한나라당 후보 당선을 위해 몸을 던졌다. 경상북도 정무부지사 최초로 정당 공천 정무부지사로 임명됐으며 2년 6개월 최장수 정무부지사라는 영광스런 타이틀까지 얻었다. 정무부지사를 하면서 투자통상본부장으로 전 세계를 돌아다니며 경북을 마케팅한 결과 재임 기간에 6조 5,528억 원의 기업투자를 이끌어냈고 국비 약 8조 원을 확보하기도 했다. 낙동강 살리기 사업본부장을 맡아서는 하천 정비 예산 2조 1,890억 원 예산 가운데 1조 1,945억 원 규모의 공사 예산이 지역에 떨어지도록 해 지역 경기 활성화에 일조했다.

정무부지사직을 퇴임한 뒤 찾아온 경상북도관광공사 사장 자리는 내게 또 다른 기회였고 도전이었다. 적자기업을 100억 원 규모의 흑자 체제로 전환하고 현실에 맞지 않는 법을 고쳐 270억 원의 세금 폭탄을 피할 수 있었던 일은 평생 잊지 못할 추억이 됐다.

시장 선거 문턱에서 좌절하고 경상북도 정무부지사, 경상북도관광공사 사장을 지내는 8년 동안 소중한 것을 얻었다. '통(通)'이다.

《동의보감》은 만병의 원인을 기의 흐름에 있다고 봤다. '통즉불통(通則不痛) 불통즉통(不通則痛)', 즉 기가 잘 통하면 아프지 않고 안 통하면 아프다고 했다.

나는 2012년 6월 경상북도관광공사 사장으로 취임하면서 조직개편과 경상경비 30% 절감을 선언하고 까다로운 규칙을 만들었는데 이게 직원들을 많이 불안하게 했던 모양이었다. 직원들 간에 작은 혼란이 일었다.

즉각 설득에 나섰다. 직원 개인이 불이익을 받는 일은 최소화하겠다, 식당 아웃소싱과 직무 재배치 등을 통해 조직의 '돈 먹는 하마'를 제거하고 이를 통해 이익을 극대화하겠다고 약속했고 직원들이 이를 수용했다. 이후 적자에 허덕이던 공사는 흑자로 돌아섰다. 직원들은 환호했다. 소통의 힘은 위대했다.

나는 앞으로 무슨 일을 하든지 소통의 위대한 힘을 기억하고 소통의 가치를 소중히 여기는 사람이 되겠다고 다짐한다.

이 책은 가난에서 벗어나기 위해 발버둥쳤던 내 청춘과 공동체의 삶에 눈을 돌린 뒤 고민하며 살아왔던 내 중년과 장년의 삶에 대한 보고서다. 작은 성취와 좌절, 롤러코스터 같이 파란 많은 내 인생의 기록이기도 하다. 해서 부끄럽고 떨리는 마음으로 이 책을 세상에 내놓는다.

35살의 나이에 청상이 돼 억척으로 5남매를 키우신 어머니 최순택 여사와 부족한 사람을 사랑으로 이끌어 준 아내 박해숙 씨, 장애를 입고도 늘 세상을 긍정적으로 바라보는 아들 지웅이와 성악가의 길을 걸어가고 있는 딸 지영이에게 이 책을 바친다. 그리고 이 책이 출간되도록 아낌없는 도움을 준 직원들과 출판사에도 고마움을 전한다.

● **추천의 글**

소통하는 리더
신뢰받는 리더십

손세주(주뉴욕 총영사)

내가 주뉴욕 총영사로 오기 전 경상북도 국제자문 대사로 재직하면서 2010년부터 2년간 저자인 당시의 공원식 정무부지사와 함께 근무했었다.

외교관으로서 처음이었던 지방 근무는 나에게 쉽지 않은 도전이었지만, 외교적으로도 뛰어난 식견과 비전을 지닌 김관용 도지사와 과감한 추진력을 가진 공원식 부지사 덕분에 경북의 산업과 문화를 국제적으로 접목하고 증진하는 데 미력이나마 일조할 수 있었다.

저자가 정무부지사로서 도민의 관심이 민감하면서도 중대한 사업을 해결하고 발전시키는 역할을 수행하면서 지역사회 지도급 인사들은 물론 주민과의 지속적이고도 다각적인 접촉과 소통을 통해 복잡다

단한 사안도 긍정적인 효과를 도출해내는 모습이 무척 인상적이었다.

국제분야에서도 저자는 2010년 KOICA로부터 매칭펀드예산 증액을 이끌어내어 새마을 봉사요원의 아프리카 파견 사업을 가능케 하였으며 2011년 이스탄불을 방문, 이스탄불 부시장과 엑스포 공동 개최 MOU를 체결함으로써 2013년 9월 성황리에 개최된 '이스탄불-경주 세계문화엑스포'의 초석을 마련하는 등 대외적으로도 활발한 활동을 하였다.

나는 저자에게 지역사회 발전을 위한 소명의식, 원칙과 신뢰에 기반한 공정한 소통을 위한 노력과 열정을 느꼈고, 주민의 공익을 위해 옳은 일이라면 '뜨거운 감자도 쥐는 사람'임을 공감한다.

그의 진솔한 삶의 이야기는 인간적인 면모와 함께 가슴 뭉클한 감동으로 다가오고 공직자로서의 생생한 체험과 철학은 많은 도전적인 과제를 안고 헤쳐나가는 우리 모두에게 새삼 옷깃을 여미게 하고 용기를 북돋아준다.

세대와 직종에 관계없이 만인의 귀감이 될 이 책을 읽고 새로운 에너지를 얻기 바란다.

끝으로 이 기회를 빌려 '추천의 글'을 쓸 수 있는 영광을 준 데 대해 저자에게 깊은 감사를 드린다.

● 추천의 글

모두와 함께
이겨나갈 사람

이삼걸(전 안전행정부 2차관)

　나는 공원식 경북관광공사 사장과 참으로 각별한 인연을 지니고 있다. '웅도(雄道) 경북'의 자부심으로 한발 앞선 행정력을 자랑하는 경북도청에서 거의 같은 시기에 나는 행정부지사로, 그는 정무부지사로 동고동락(同苦同樂)했으니까 말이다. 2009년부터 2011년까지 5개월여 차이로 앞서거니 뒤서거니 부임해서 2년 6개월여를 함께 했으니, 옷깃을 스친 인연은 훨씬 넘는 셈이다.

　지금도 일이 많지만 당시 도정은 미국발 금융위기의 여파로 국가 경제가 큰 어려움을 겪는 가운데 지역이 직면한 수많은 시련과 도전을 이겨내느라 눈코 뜰 새가 없었다. 생사고락(生死苦樂)을 함께한 전우들의 우의와 동지애가 더욱 깊고 돈독하지 않던가. 각자 맡은 책임을 다하느라 밤낮으로 일하는 가운데 나는 그가 살아온 편린들과 삶의 태도와 인생철학을 자연스럽게 듣고 겪을 수 있었다.

　나도 그랬듯이 우리 연령대 사람치고 소싯적에 가난과 열악한 사회적 환경으로 고생 안 해본 사람이 어디 있을까마는 공원식 사장도 남다른 고생을 했던 것 같다. 다섯 살 철모를 때 벌써 부친을 여의어 지지리 가난 속에서 자기 혼자의 힘으로 공부하며 험한 세파를 헤쳐나가야 했다. 그가 가진 특유의 뚝심과 의지, 배움의 열정이야말로 온갖 역경을 극복해온 인생 경험에서 굳게 체화된 것이리라. 이런 점이 내가 그에게 더욱 동지애를 느끼는 이유인지 모른다.

　본인이 어렵게 살아봐서일까? 그에게는 또 돋보이는 인간적 향취가 있다. 그것은 다른 사람을 먼저 배려하는 마음 씀씀이다. 민원인이나 지역주민들을 만나는 자리들을 눈여겨보면, 다른 사람들의 얘기를 우선 듣고 그들이 처한 상황을 가늠해보고자 애쓰는 모습이 역력하다. 이런 게 평소 몸에 배어 있으니 정책 결정이나 행정을 하는데 있어서도 먼저 주민이나 고객의 시각에서 되새겨 보는 자세가 붙었을 것이다. 그러다 보니 관료 편의적인 생각이나 판단을 본능적으로 싫어해서 이런 모습이 보이면 바로 결정을 바꾸도록 하였다. 실무자들의 보고를 받고 나서 꼭 반문을 하는데 누구를 위해 왜 그런 판단을 했는지가 핵심이었다. 이때 행정편의주의거나 기본방향이 틀렸다는 생각이 들면 때로 목소리를 높여 직원들을 꾸짖곤 했다.

　같이 근무하면서 그에게서 강하게 받은 또 하나의 인상은 정무적 감각이 매우 뛰어나다는 것이다. 여기저기 얽혀서 풀기가 어렵거나 자칫 섣부르게 풀다가는 엉뚱한 파문이 발생할 우려가 큰 일일수록 그의 진중한 판단이나 발 넓은 조율이 진가를 발휘했다. 이는 어려서부터 산전수전(山戰水戰) 다 겪으며 다양한 민간영역을 섭렵한 위에 포항시의회 3선 의원이자 의장, 경북도당 상임부위원장, 대통령 소속 지방이양추진위원회 위원을 역임하는 등 지방 행정과 정치 현장에서 두루 폭넓은 경험을 쌓으며 정치 행정 역량과 인적 네트워크를 키워온 게 바탕이 되었다.

그는 지독한 현장중심주의자다. 그리고 실무에도 대단히 밝다. 아무래도 젊은 시절부터 다양한 현장에서 몸으로 직접 부닥치며 문제를 해결하다 보니 체득된 것이리라. '공원식은 말로만 하는 사람이 아니다. 반드시 실행방안을 갖고 성과를 내는 사람이다'라는 믿음을 주는 이유다.

그는 늘 긍정적이면서 도전적인 사람이다. 위기 앞에서도 "예스"를 외치고 팔을 걷어붙이는 사람이다. 그는 포항제철공고를 나왔는데, 당시 얼마든지 안정된 직장을 계속 다닐 수 있었음에도 이를 마다하고 열정과 도전정신으로 젊은 나이에도 불구하고 포항시의원에 도전, 3선에 시의회 의장까지 역임하는 등 경이로운 기록을 세웠다.

또 한 가지 일화로, 그가 자신을 얼마나 혹사했는지 알만한 성과가 있다. 당시 정무부지사는 도의 투자유치 업무를 총괄하고 있었는데, 투자유치 실적이라는 게 수치로 바로 보이는 것이다 보니 도정이나 일을 맡은 사람들로서는 여간한 부담이 아니었다. 그럼에도 경북도는 약 8조 원이라는 놀라운 투자유치 성과를 거두었고, 여기에는 그의 헌신적인 활약이 큰 기여를 했다.

본인 건강으로 봐서는 좀 안된 얘기지만, 그가 투자유치와 농산물 판매를 위해 대만을 방문했을 때 그쪽 관계자들과 기(氣) 싸움을 하느라 며칠 꼬박 자리를 함께하면서 협상을 진행해 결국 일을 성사시켰다는 후일담이 도청에 전설처럼 내려오고 있다. 그는 도민과 도정 발전을 위해서라면 자기 몸을 던지는 사람이었다.

이러한 공원식 경북관광공사 사장이 이번에 책을 낸다고 해서 함께 일하던 시절을 되새기며 미리 글들을 읽어보았다. 또 나에게 추천사를 써달라고 부탁이 왔을 때 난 기꺼이 졸필을 싣기로 약속했다. 이 책을 읽는 독자들에게 새로운 용기와 열정을 일깨워주고 희망의 메시지를 보내줄 것으로 믿기 때문이다. 책장마다 그가 스스로를 다독이며 평생 터득한 식견과 지혜, 그리고 남을 먼저 생각하는 털털한 마음씨가 묻어나고, 미래를 향한 새로운 포부와 대계(大計)가 오롯이 담겨 있다. 그에게는 '극세척도(克世拓道 : 험난한 세상을 극복하고 새로운 길을 개척한다는 사자성어)'라는 표현이 딱 맞다. 그의 계속되는 뜨거운 도전을 기대해본다.

차례

머리말
이순의 세월을 불꽃처럼 강물처럼 · 004

추천의 글
소통하는 리더 신뢰받는 리더십 · 008

추천의 글
모두와 함께 이겨나갈 사람 · 010

1 공원식, 경상북도 정무부지사

프롤로그
일이 있는 곳에 공원식 정무부지사가 있다 · 020
포기하지 않으면 해낼 수 있다 · 023
경북처럼 일하라? 성공의 비밀은 원칙 · 029
진심을 담은 술잔, 대만 시장을 열다 · 034
경쟁보다 상생이 아름답다 · 041
공 부지사, 잘해! · 047
나는 불법(不法)과 대화하지 않는다 · 053
리더는 스스로 존재할 수 없다 · 057
울릉도의 미래는 대한민국의 비전이다 · 062
죽은 예산도 살려내는 팀플레이의 힘 · 067
말하는 입보다 듣는 귀가 더 중요한 이유 · 073
인재를 키워야 지역이 성장한다 · 083

2 공원식, 경상북도관광공사 초대사장

프롤로그

경청하는 원칙주의자, 변화를 주도하는 CEO • 090

진인사대천명(盡人事待天命), 270억 폭탄을 피하다 • 093

스스로 변하지 않으면 새로운 출발도 없다 • 099

공정(公正), 마음을 여는 지름길이다 • 105

사람을 키워야 조직이 성장한다 • 110

앉아서 손님을 기다리지 마라 • 114

힐링관광의 메카, 경북을 꿈꾸다 • 117

반전의 대성공, 이스탄불-경주세계문화엑스포 • 122

포스트 포항, 산업 다양화와 친기업도시로 길을 찾는다 • 128

중소기업 지원으로 지역경제 활성화와 여성 일자리 창출해야 • 133

지방 균형 발전, 인재 양성이 첫걸음이다 • 137

문화콘텐츠 도시 포항을 꿈꾸자 • 141

3 공원식, 포항시의회 의장

프롤로그
나의 정치의 뿌리, 포항시의회 • 148
내 고향 포항의 정치를 꿈꾸다 • 150
돈 없이도 선거를 치를 수 있다 • 155
정도(正道)와 정도(程度) • 159
예산, 아끼고 또 아껴라 • 165
도전이 새로운 길을 만든다 • 171
지역이 살아야 나라가 산다 • 176

4 사랑, 공원식을 일으켜 세운 힘

가난하다고 꿈을 포기할 이유는 없다 · 184

달려라 영일만 친구야 · 187

곁에 계셔주셔서 감사합니다 · 192

나는 장가를 정말 잘 갔소 · 196

장애란 조금 불편한 차이일 뿐이다 · 203

품어주지 못해 미안한 딸 · 209

대변통을 들어도 나는 웃는다 · 213

패자부활전이 가능한 사회를 꿈꾼다 · 219

> "
> '경청(傾聽)'과 '역지사지(易地思之)'의
> 노력만으로도 소통은 시작된다.
> 소통의 끈을 놓지 않는 한 갈등은 언제든지 해결될 수 있다.
> 더 나은 사회에서 조금 더 행복해지기 위해
> 바로 지금 나부터 실천하는 노력이 필요한 이유다.
> "

공원식,
경상북도 정무부지사

● 프롤로그

일이 있는 곳에
공원식 정무부지사가 있다

    1995년 42세의 젊은 나이에 포항시의회에 진출하며 정치와 만났다. 이후 11년 동안 내 삶을 모두 태워버릴 만큼 뜨거운 열정으로 쉼 없이 달린 결과, 포항시의회 의장이라는 명예로운 자리에 올랐고, 2003년 포항시의회가 전국 최우수의회로 선정되는 기쁨도 얻었다. 그리고 무엇보다 협의를 통한 생활정치가 무엇인지 귀한 가르침도 배웠다.

    오랜 시간, 많은 배움은 그 자체로 나에게 무척 큰 보람이었다. 이처럼 귀한 기회를 주신 지역주민과 고향을 위해 나의 경험과 지식이 온전히 쓰이길 원했고, 2006년 포항시장 선거에 도전을 결심했다. 그러나 한나라당(현 새누리당) 포항시장 후보 경선에서 패배의 쓴잔을 마신 후, 2007년 12월 대통령 선거와 잇따른 국회의원 선거에서의 승리를 위해 모든 역량을 집중했으며, 그 결과 정권 교체의 기쁨을 현장에서 생생하게 누릴 수 있었다.

이후 경상북도 최초로 정당 추천을 통해 경상북도 정무부지사로 취임하며, 나는 도민을 위해 봉사할 수 있는 기회를 또 한 번 갖게 되었다.

2009년 5월, 도청 회의실에 소박하게 마련된 취임식장에서 나는 소통과 신뢰를 바탕으로 한 직무수행을 약속했고, 2년 6개월여 기간 동안 이 약속은 내게 나침반과도 같았다.

재임 중 낙동강 살리기 사업본부장으로 사업을 진두지휘하며, 나는 전국에서 가장 빠르고 효율적으로 사업을 추진해나갔고, 무엇보다 지역 경제에 큰 도움이 될 수 있도록 최선을 다했다. 그 결과 하천정비 2조 1,890억 원의 54.6%에 해당하는 1조 1,945억 원의 공사를 지역의 몫으로 떨어지도록 하는 데 성공했다.

투자통상본부장을 겸임하며 나는 경북 도민을 위해 뛰는 세일즈맨이었다. 경북의 농산물을 해외에 판매하기 위해 대만과 말레이시아, 싱가포르, 미국행 비행기에 수시로 올랐고, 국내 및 해외 기업의 투자를 이끌어 내기 위해 귀를 열고 다가갔다. 재임 중 총 6조 5,528억 원의 기업 투자를 이끌어 낸 힘은 이와 같은 발품 덕분이었다.

또한 지역의 필수적 사업을 추진하기 위한 국비 약 8조 원을 확보하는 과정에서 지역 국회의원들의 협력을 이끌어 내기 위해 기꺼이 충실한 심부름꾼이 되었다. 그리고 억울함을 호소하는 지역민들의 목소리를 듣기 위해 언제나 뜨거운 현장 속으로 거침없이 뛰어들었다.

● 공원식, 경상북도 정무부지사

하루 평균 400km, 한 달 평균 1만km를 달리는 강행군을 마다하지 않는 동안 "일이 있는 곳에 공 정무부지사가 있다"는 말들이 회자되었고, '소통할 줄 아는 불도저 리더십'이라는 말이 뒤따랐다. 경상북도 정무부지사로 새로운 도전을 하며 품었던 목표, 즉 '지역을 위해 나의 경험과 지식을 온전히 쓰겠다'며 앞만 보며 달려온 지난 시간에 대한 주위 분들의 평가인 만큼 소중하기 그지없다.

하지만 이 모든 것이 어찌 나 혼자 이룬 공적(功績)일 수 있을까.

김관용 경상북도 도지사님의 리더십, 그리고 도청 공무원들과 도민들의 협력과 헌신이 없었다면 이뤄낼 수 없는 소중한 결과물들이며, 나는 지금도 이들을 마음속 깊이 존경하고 고마운 사람들로 추억하고 있다.

경상북도 역대 최장수 정무부지사로 재임하며 내게 남은 가장 큰 보람은 바로 내가 머물렀던 바로 그 시간들이다. 열정의 힘, 협력의 미덕, 소통의 아름다움을 통해 상생의 결과를 이뤄낼 수 있었던 2년 6개월의 여정은 그 자체로 가장 보람되고 아름다운 시간이며, 새로운 도전을 꿈꾸는 지금의 나를 채워주는 가장 큰 에너지가 되어주고 있다.

그 아름다운 시간 동안 느꼈던 바를 경북 도민들과 미래를 이끌어 갈 젊은이들과 나누고 싶어 이 글을 쓰는 바이다.

포기하지 않으면
해낼 수 있다

2009년 6월 나는 경상북도 정무부지사로 취임했다. 그리고 중책을 맡은 지 얼마 되지 않아 내게 무척 어려운 과제가 맡겨졌다.

"양성자가속기 건설 지방비 부담을 줄이지 못하면 경주 시민들의 분노를 가라앉힐 수가 없어요. 도가 나서서 경주의 지방비 부담을 줄여줘야 합니다."

김관용 도지사님의 말씀을 듣는 동안 나는 딱딱하게 굳은 얼굴 표정을 감추기 어려울 정도로 당황했다. 사실 이 문제는 이미 2009년 4월 경주보궐선거에서도 크게 논란이 되었던 사안으로서 당시 나는 양성자가속기 건설 지방비 부담 경감을 위해 지역의 국회의원들과 함께 부단히 노력했지만 결국 실패했던 경험이 있기 때문이었다.

● 공원식, 경상북도 정무부지사

경상북도 정무부지사 취임

지난 상황을 모두 도지사님께 말씀드리고 "이 문제는 해결될 가능성이 적습니다"라고 솔직히 말씀드리고 싶었지만, 생각은 그저 마음속을 맴돌 뿐이었다.

속은 바짝바짝 타들어 가는데 "이 사안은 정무적 판단이 중요하니 공 부지사가 한번 맡아서 추진해 보라"며 일을 맡기시는 도지사님의 표정을 보는 순간, 나는 최선을 다하는 것 외에 다른 선택은 없다며 스스로 다짐해야만 했다.

당시 경주는 양성자가속기 연구센터 건설과 관련해 지역의 민심이 무척 어두웠다. 양성자가속기란 양성자를 강력한 전기장이나 자기장 속에서 가속해 큰 운동 에너지를 발생시키는 장치로서, 빛을 이용해 물질의 미세세계를 관찰하는 첨단 설비다. 물질의 구조분석을 통해 신물질을 개발할 수 있어 정보통신, 신소재, 에너지 생명공학 등의 연구 활동에 필요한 핵심 국가기반 시설이다.

경주시는 지난 2005년 이 양성자가속기 연구시설을 경주로 유치하기 위해 방폐장 시설을 경주로 가져왔고, 이에 따라 정부는 3,000억 원의 특별지원금뿐만 아니라 지역의 숙원사업 해결 등을 약속했었다.

그런데 몇 년간 국가사업은 속도를 내지 못하고 있는 상황에서 양성자가속기 연구센터에 지방비 부담이 800억 원에 달한다는 사실에 시민들의 우려가 쏟아지고 있는 가운데, 방폐장 건설 현장의 누수 현상 등이 보도되면서 급기야 경주 시민들이 '방폐장 건립 반대'를 주장하기 시작했다.

● 공원식, 경상북도 정무부지사

방폐장 건설의 안전성 문제는 한국수력원자력 본사의 이전으로 확답을 받은 상황이었지만, 문제는 턱도 없이 높게 책정된 지방비 부담이었다. 사실 국가시설 건립 시 지방비 부담은 부지 정도 제공하는 수준이면 충분했지만, 당시 경주시에서 연구동과 기숙사동까지 제공하겠다는 제안을 하면서 800억 원으로 부담이 급격하게 올라간 것이다.

반드시 해결해야 할 당위성은 있었지만 솔직히 자신할 수는 없었다. 어떤 문제든 직접 부딪히기를 두려워하지 않는 나였지만 이 문제만큼은 부담이 컸던 게 사실이다. 같은 문제로 몇 달 만에 중앙정부의 각 부처 및 국회와 다시 논의를 시작해야 하는 만큼 그들을 설득해 나갈 새로운 논리를 만들어내기란 무척 어려운 일이기 때문이다.

그러나 지자체의 재정과 지역의 민심이 걸려있어 어떻게든 해결해야만 하는 사안이었고, 바로 이 점이 나에게 큰 용기를 주었다.

지방비 부담 경감에 가장 난색을 표하고 있는 기관은 바로 기획재정부였다. 지자체와 정부가 MOU를 체결한 내용이 얼마 안 가서 바뀐다면 국가 질서가 무너진다는 것이 그들의 논리였고 분명, 맞는 말이었다. 그러나 경주시로서도 억울한 측면이 있었다. 800억 원의 무리한 지방비 부담을 제안한 것은 관련 회의 중 산자부 장관으로부터 '기금이 충분하니 지원할 수 있을 것'이라는 간접적 약속을 들었기 때문이었고, 이는 간담회 속기록에 기록이 되어 있었다.

처음의 실패를 반복하지 않기 위해서는 보다 체계적인 전략이 필요했고, 김관용 도지사님을 비롯한 도청의 직원들이 모두 세 부분으로 나뉘어 핵심기관을 담당해 공략해나갔다. 도지사님은 당정협의회 때 경북의 국회의원들에게 협조를 강력하게 요청하고 나는 예산을 총괄하는 기획재정부와 총리실, 그리고 국회 수석전문위원들을 담당했다.

"이미 MOU를 체결하긴 했지만, 지자체는 일반적으로 부지 정도만 제공하는데 연구동이나 기숙사까지 책임지는 것은 누가 봐도 무리가 있다"는 논리로 설득하고 때로는 "당의 추천으로 경북도의 정무부지사가 되었으니 보다 적극적인 지원을 해주셨으면 한다"는 읍소로 상황에 맞춰 최선을 다해 경북의 입장을 전하고자 노력했다.

도와 지역의 국회의원이 함께 전력을 다한 결과 결국 정부가 800억 원 중 420억 원을 부담해주겠다는 내용의 약속을 받아내는 데 성공했다. 혼자라면 절대로 해낼 수 없었던 협력의 힘이 빛을 발하는 순간이었다.

2013년 본격적으로 운영을 시작한 경주 양성자가속기 연구센터는 향후 경북 원전 클러스터(Cluster) 비전의 출발점이기도 하다.

국가 원자력발전의 44%를 차지하는 경북은 울진, 월성 등의 원자력발전소뿐만 아니라 양성자가속기, 방폐장, 그리고 한수원 본사가 주재할 곳으로서 원자력 인프라를 갖추고 있다. 그러나 아직도 원자력 관련 연구기관의 대부분은 수도권 및 충청 지역에 집중되어 있다. 현장과 연구기관이 동떨어져 있는 지금과 같은 상황은 반드시 변화되어야 한다.

● 공원식, 경상북도 정무부지사

정무부지사로 재임 중 나는 이와 같은 현실의 문제점, 즉 현장과 연구기관이 서로 떨어져 있을 경우 시너지 효과가 떨어지고, 관련 산업의 경제적 효과도 크게 기대하기 어려운 문제를 끊임없이 제기해왔다.

일본의 후쿠시마 원전사고 등으로 원전에 대한 안전성 문제가 국제적으로 제기되고 있지만, 나는 아직도 한국의 에너지산업의 상당 부분을 원전이 부담해나갈 수밖에 없다고 믿고 있다. 기름 한 방울 나지 않고, 수력과 풍력 등 자연자원의 활용성이 떨어지는 한국이 산업발전과 국제적 경쟁력을 유지하기 위해서는 원전이 반드시 필요하기 때문이다.

2012년 신울진 원전 1, 2호기 기공식에 참석한 이명박 전 대통령의 "경북이 원전 클러스터화의 중심이 되어야 한다"는 선언은 경북의 제안이 매우 타당하다는 사실을 뒷받침해준다.

경북은 현재 포스텍의 원자력전문대학원, 원자력 마이스터고등학교, 국제원자력기능인력교육원 등 교육기반을 비롯해 원자력 수출산업단지 조성 등의 다양한 인프라를 차근차근 구축해나가고 있다.

대부분의 국가사업이 그렇듯, 계획을 현실로 만들어가기까지는 많은 시간과 사람들의 노력이 필요하다. 실질적인 지역의 발전을 견인하기 위해 지역의 일꾼으로서 나는 이 일에 많은 관심을 갖고 지속적으로 힘을 보태고 싶다.

경북처럼 일하라?
성공의 비밀은 원칙

2009년 낙동강 살리기 사업본부장의 중책을 맡았을 때의 일이다. 4대강 살리기 사업의 55%가 낙동강에 집중되어 있고, 700리 낙동강 물길의 절반 이상이 경상북도를 지나는 만큼 나는 사명감과 이에 따른 책임감을 무겁게 느끼고 있었다.

낙동강 살리기 사업을 순조롭게 추진하기 위한 행정적 지원과 조정이 바로 사업본부의 일이었고, 그중 가장 먼저 해결해야 할 과제가 바로 '토지보상' 문제였다.

강의 공사란 내륙의 공사와 달리 계절에 따른 유량 등의 변화 때문에 반드시 주어진 시간에 공사를 완료해야 하는 특수성이 있다. 그런데 보상이란 주민의 재산권과 관련된 문제인 만큼 원만한 협의가 쉽지 않은데다, 보상협의가 이뤄지더라도 관련 서류가 워낙 복잡해 이

● 공원식, 경상북도 정무부지사

를 완료하기까지 무척 긴 시간이 필요할 수밖에 없었다.

"공사 전 보상에 시간을 전부 쓸 수는 없습니다. 팀을 구성해 각 가정을 개별 방문하세요."

보상협의는 생각대로 순조로웠다. 나는 여기서 더 나아가 관련 서류 작업도 모두 사업본부가 맡아 처리해주는 방식을 도입했다. 결과는 놀라웠다. 같은 시기 다른 지역의 토지 보상률이 겨우 20%에 머물 때 우리는 80% 완료라는 탁월한 성과를 냈다.

그러나 현장의 일이 늘 그렇듯이 순조롭기만 한 것은 아니었다. 공사 분진과 소음에 대한 민원이 줄을 이었고, 이미 보상이 끝난 농지에서 공사가 지체되는 틈을 타 다시 농사를 짓기 시작한 사람들이 나타났다. 급기야 이를 저지하는 과정에서 사람이 다치는 상황이 발생했다.

"소음, 분진 모두 환경법상 기준에 근거에 대응하세요. 또한 불합리한 민원은 절대로 수용하지 않겠습니다."

그동안 민원에 휘둘려 합의를 우선하던 공무원 사회의 분위기를 과감히 바꿔나가며 사업추진의 속도를 내는 한편, 나는 말 많고 탈 많은 대규모 토목공사의 관례 또한 바로 잡아나갔다.

공사구간별 건설사 현장소장과 식사자리에서 "여러분들이 우리 사업본부의 감독관들과 술자리를 함께할 경우 반드시 불이익을 주겠다"는 엄포와 함께 "대신 민원 해결과 행정적 지원은 걱정하지 말고 일만 열심히 해달라"는 부탁을 했다. 물론 그날 식사비는 내 개인의 돈으로

낙동강 살리기 사업본부장의 중책을 맡아 밤낮 없이 뛰었다.

4대강 살리기 사업 낙동강 상주보 현장 방문

홍조근정훈장증 수훈

● 공원식, 경상북도 정무부지사

계산을 했다.

그리고 얼마 후 내게 "사업본부의 감독자 중 한 명이 자신의 친구를 사업에 참여시키고자 소개를 한다"는 소문이 들려왔다. 문제의 기업이 사업자로 결정되지는 않았지만 실제로 요구가 있었다는 것을 확인한 나는 지체 없이 담당 감독관의 인사 조치를 결정했다. 다소 과한 부분이 없지 않았지만, 원칙의 준엄함을 제대로 보여줘야 한다고 판단한 것이다. 이후 내가 낙동강 살리기 사업본부장에 재임하는 동안 원칙에 어긋난 로비와 뒷말은 자취를 감춰버렸다.

관계기관회의가 있을 때마다 '경북처럼 일하라'는 말이 나올 정도로 경북지역 낙동강 사업은 순조롭게 진행되었다. 지역 기업의 적극적 참여를 지원한 결과 낙동강 살리기 총사업비 4조 8,000억 원의 80%인 3조 8,000억 원을 지역의 몫으로 남기는 성과를 기록했으며, 2011년에는 개인적으로 '홍조근정훈장증'도 받았다. 무척 힘들었지만 그 어떤 일보다 보람된 일이었음은 두말 할 필요가 없다.

"대규모 토목공사란 말도 많고 탈도 많기 마련인데 어떻게 이처럼 깨끗하게 잘 마무리할 수 있었습니까?"

이런 질문을 받을 때마다 나는 항상 "큰 사업이든, 작은 사업이든 원칙이 흔들리지 않도록 스스로를 관리하는 것이 중요하다"고 말한다.

원칙의 소중함을 아는 사람과 그렇지 않은 사람의 일처리 방식은 크게 다르다. 어떤 문제에 부딪혔을 때 원칙을 준수하는 사람은 흔들림

없이 상대를 설득하고, 목표를 관철시켜 나가지만, 원칙을 가볍게 여기는 사람은 문제를 해결하기 위해 쉽게 타협하고, 결국엔 잘못된 선택으로 일을 그르치게 된다. 풀기 어려운 문제일수록 원칙이 가장 쉬운 해결책이 된다는 사실을 나는 경험을 통해 배우고 또 실천해왔다.

어떤 경우도 예외를 두지 않고 스스로 지켰던 원칙 때문에 직원들은 자주 어려움을 토로하곤 했지만 나는 그만큼 힘들게 지켜온 원칙이 바로 사업의 성공요인이었음을 잘 알고 있다.

초일류국가 미국의 기본정신을 만들었다고 평가되는 16대 미국대통령 링컨의 리더십 중 '원칙은 타협하지 마라'는 것이 있다. 원칙은 약간의 타협에도 큰 손상을 입는다. 상처 입은 원칙은 결코 신뢰를 조성할 수 없으며, 신뢰 없는 조직과 리더는 성공할 수 없다.

● 공원식, 경상북도 정무부지사

진심을 담은 술잔,
대만 시장을 열다

"우리 중국에서는 술 석 잔을 나눠야 비로소 친구가 된다는 말이 있습니다. 자, 공원식 정무부지사님을 비롯한 한국 손님들께 건배를 제의합니다. 건배!"

2009년 7월 경상북도 정무부지사로서 투자통상본부장을 함께 맡고 있을 때 대만 제2의 도시 까오슝(高雄)을 방문한 적이 있다.

당시 우리는 까오슝에서 최대 규모를 자랑하는 대통백화점에 '경북 농·식품 및 문화상품 특판전'을 개최했는데, 이는 경상북도에서 생산한 농·특산물의 해외 수출시장 개척을 위한 일종의 홍보행사였다.

대만은 일본 다음으로 한국의 농수산물을 많이 수입하는 국가였고, 나는 이런 대만 시장에 우리 경북의 농·특산물뿐만 아니라 문화를 적극적으로 알림으로써 '브랜드 경북'의 이미지를 각인시키겠다는 각

오를 단단히 다지고 출장길에 올랐다.

그런데 대만에 도착한 첫날 까오슝 시 대통백화점 관계자들과 만찬 자리에서 무척 고역스러운 상황과 맞닥뜨렸는데, 바로 듣도 보도 못한 중국식 주법(酒法)이 문제였다.

만찬 주재자가 먼저 발언을 한 뒤 석 잔의 건배를 제의하면, 다음에는 참석자들이 돌아가며 석 잔의 건배를 끊임없이 이어가는데, 40~50도의 독주를 즐기는 중국인 6명의 연이은 건배 제의에 '술' 하면 어디에도 뒤지지 않는다고 자부하는 한국 남자들도 기가 질릴 수밖에 없었다.

그러나 "술잔 속에 친구가 들어있다"며 잔을 건네는 중국인들은 바로 이와 같은 주법을 통해 상대의 마음을 읽고, 신뢰를 쌓는 전통을 갖고 있었고, 중국 사업가들과 지속적인 교류를 원한다면 이는 반드시 거쳐야 할 통과의례와 같은 것이었다.

나는 이날 "한국인 역시 술을 통해 친구가 된다"며 기꺼이 그들의 술잔을 받았다. 그 자리는 단순한 술자리가 아니라 나를 통해 '경상북도의 농·특산물은 믿을 만하다'는 이미지를 심어줄 수 있는 중요한 기회라는 것을 잘 알고 있었기 때문이다.

6명의 중국인이 각각 "친구가 되자"며 권하는 독주를 모두 받아 마시면서 나는 흐트러짐 없이 그들과 농담을 주고받기 위해 무던히도 노력했다. 이렇게 술을 마시며 행정 세일즈라는 것이 결코 쉬운 일이 아니라는 것을 몸과 마음으로 실감할 수 있었다.

● 공원식, 경상북도 정무부지사

그렇게 얼마나 시간이 지났을까. 어지러운 정신을 추스르려 화장실로 향한 나는 그곳에서 그만 웃음을 터뜨리고 말았다. 도청 직원을 포함한 우리 측 대표단원들은 물론이고, 대만 측 인사들까지 모두 술을 이기지 못해 긴 의자에 뻗어있었다.

"이보게, 많이 힘든가?"

속이 많이 좋지 않은 듯 허리를 굽히고 있는 직원의 등을 툭툭 쳐주는데, 고개를 들지도 못하고 말없이 손을 휘젓는 모습에 마음이 짠해져 왔다. 공무(公務)로 낯선 외국까지 와서 하루 종일 긴장을 한 상태에서 중국인들의 기분을 맞춰주느라 무리하게 마신 술이니 몸이 얼마나 괴로울까.

나는 잠시 화장실 옆 의자에 앉아 숨을 돌렸다. 나 역시 종교적 이유로 멀리하는 술을 사양하지 않고 마신 데다 언어가 잘 통하지 않는 사람들과 소통을 하기 위해 애를 쓰느라 지쳐버려서 할 수만 있다면 그 자리가 화장실 바닥이라도 상관하지 않고 누워 잠을 청하고 싶을 정도였다.

하지만 그 순간에도 나는 '힘들다'는 생각은 하지 않았다. 오히려 웬만해서는 마음을 터놓지 않는다는 중국인들과 비즈니스의 첫 단추를 잘 끼운 것 같아 뿌듯했고, 이날의 노력으로 향후 대만에서 더 많은 경북의 농산물을 팔 수 있게 되는 날을 상상하니 나도 모르게 입가에 슬며시 미소가 피어올랐다.

그날 우리의 '헌신(?)' 덕분일까. 까오슝 사업가들과 쌓은 돈독한 관

공원식, 경상북도 정무부지사

계는 꾸준한 교역을 통해 신뢰라는 이름으로 축적되었고, 지금까지도 지속적인 교역량 증가로 이어지고 있다.

　대만을 시작으로 이듬해인 2010년, 나는 말레이시아와 싱가포르 등 동남아시아의 주요 국가에 우리 도의 농·특산물을 홍보하기 위해 연이어 비행기에 올랐다.

　도의 농민들을 대신해 세일즈를 하는 만큼, 나는 현지 교민들과 네트워크를 통해 먼저 정보를 수집하고 전략을 세워 접근하는 방식을 선택했다. 또한 한국의 문화 상품을 함께 홍보함으로써 제품에 문화, 즉 마음을 함께 담는 세일즈 전략을 펼쳐나갔다.

　이러한 노력의 결과 2010년을 기점으로 안동, 청송, 영주 등 경상북도 내 사과 생산지의 해외수출량이 2~3배 증가하고 있다. 업무를 수행하며 도민들의 살림살이에 직접 보탬이 되는 성과를 얻는 것만큼 보람된 일은 없다.

　투자통상본부장직을 수행하며 나는 많은 기업가를 만났다. 투자통상본부장은 경상북도로 해외기업의 투자를 유치하는 것이 주 업무인데, '과연 무엇을 어떻게 홍보해야 이들의 마음을 움직일 수 있을까'는 나에게 언제나 큰 고민이었다.

　사실 경상북도의 기업환경, 즉 산업적 인프라에 대해서는 기업가들이 우리보다 더 상세히 알고 있다. 때문에 내가 선택한 전략은 '그들이 모르는 것, 우리 땅에 얽힌 스토리를 들려주자'는 것이었다.

● 공원식, 경상북도 정무부지사

2010년, 나는 말레이시아와 싱가포르 등 동남아시아의 주요 국가에 우리 도의 농·특산물을 홍보하기 위해 연이어 비행기에 올랐다.

데일리 사과 판촉 행사

세계 일류기업 삼성이 태동한 대구, 세계 최고의 제철기업 포스코가 자리 잡은 포항 등, 맨땅에서 기업을 일으켜 성공 신화를 이룩한 경상북도야말로 '성공의 땅'이라는 내 설명을 듣는 동안 냉철한 판단력을 가진 기업가들은 고개를 끄덕이곤 했다. 머리가 아닌 가슴을 움직이는 세일즈의 힘을 다시 한 번 확인하는 순간이었다.

투자통상본부장으로 일하는 동안 나는 민선 5기 김관용 도지사님의 도정 목표인 '일자리 22만 개, 투자유치 20조 원 달성'을 향해 부지런히 달려나갔다. 또한 미국과 캐나다 등 북미지역을 중심으로 한 투자 활동에 힘을 쏟았으며, 경북 청년 인재의 미국 해외인턴 취업을 위해 발 벗고 뛰었다.

그 결과 캐나다 브리티시 컬럼비아주와 '경북도-캐나다 수소연료전지협회 간 MOU 체결', '미국의 바이오제약회사와 LOI(거래의향서) 체결' 등의 성과를 거뒀으며, 특히 아사히그라스 1,500억 원, 델코 588억 원 등 해외기업의 투자와 LG디스플레이의 1조 3,500억 원, LG전자 1,005억 원 등 국내 대기업의 실질적인 투자가 이뤄졌다.

이와 같은 성과는 김관용 도지사님의 뛰어난 리더십을 바탕으로 투자통상본부 직원들이 열정적으로 일했기에 가능한 일이었다. 나는 이처럼 훌륭한 사람들과 함께 땀을 흘리며 뛰어다닐 수 있었다는 사실이 지금까지도 무척 자랑스럽다.

2011년 10월 도청을 떠난 후에도 나는 지역발전을 위한 지방자치단체의 역할에 대해 많은 생각을 한다. '기업하기 좋은 환경'은 곧 좋은 정책을 만들고 추진하는 과정에서 조성될 수 있기 때문이다.

투자통상본부장 시절, 나는 대한무역투자진흥공사(KOTRA)와 다양한 협력을 해나갔는데, 이때 해외에서 성공한 한상(韓商)들과 마음을 터놓고 대화를 나눌 기회가 많았다.

"한국 지자체의 기업 유치 정책은 너무 이벤트 중심입니다. 외국을 몇 번 방문하고 MOU 체결을 실적이라고 생각하죠. 보다 장기적인 교류의 길을 여는 것이 중요합니다. 예를 들어 지금 경북에서 청년 인재들을 외국 기업의 인턴으로 활동할 수 있도록 지원하는 정책도 단기적인 파견을 넘어 이들이 한국으로 돌아와 활동할 수 있는 환경을 조성해야 합니다."

글로벌 비즈니스 현장에서 뛰는 기업가들로부터 생생한 제안을 들으며 나는 산업단지를 조성하고 이를 저렴하게 분양하거나 세제지원 등의 수준을 넘어 창의적인 정책의 필요성을 절감하곤 했다. 이를 통해 경북을 '기업 하기 좋은 곳'으로 변화시켜나가는 구체적이고 또 현실적인 정책을 수립하는 것, 이것이야말로 정치계와 지방자치단체 등 지역의 일꾼들이 힘을 합쳐 해나가야 할 목표이자 책임이다.

경쟁보다
상생이 아름답다

"부지사님, 포항시 문성리 새마을회관에 시위 현수막이 걸렸습니다."

"뭐요? 아니, 도대체 이유가 뭡니까?"

"도청이 새마을운동 발상지를 청도로 지정했다며……."

"무슨 소리예요? 아직 의뢰한 연구결과도 다 나오지 않았는데."

2009년 4월, 새마을운동 발상지를 두고 포항시 문성리 주민과 청도군 신도리 주민들 간의 오랜 싸움이 드디어 폭발하는 상황이 발생했다.

우리나라 근대화의 상징인 새마을운동을 다시 조명하고 활성화하자는 움직임이 확산되면서 경북도는 때아닌 발상지 논란으로 몸살을 앓아야 했다. 결국 도는 이 문제를 해결하기 위해 새마을운동 발상지

● 공원식, 경상북도 정무부지사

에 대한 연구를 민간연구소에 의뢰했는데, 중간 보고서에 '새마을운동 발상지는 청도'라는 내용이 보고되었기 때문이었다.

현수막이 걸린 포항시 문성리의 새마을회관은 도의 지원으로 건축한 만큼 김관용 도지사님께서 직접 준공식에 참석하기로 되어 있었고, 나는 준공식 전에 포항시 문성리 주민들의 격양된 감정을 풀어주기 위해 서둘러 문성리 새마을회관으로 향했다.

"제가 오늘 새마을회관 준공식 전 시설점검을 왔습니다. 온 김에 여러분의 의견을 듣고 싶습니다. 속 시원하게 말씀해주십시오."

나는 주민들에게 자연스러운 대화를 제안했는데, 주민들은 분노와 원망이 뒤섞인 격한 말들을 쏟아내기 시작했다. 나는 그들이 어느 정도 감정을 해소할 수 있을 때까지 가만히 앉아서 경청했다. 이것이 주민들과 공감하기 위해 노력하고 있음을 알릴 수 있는 최선의 방법이라고 믿었다.

"잘 들었습니다. 그런데 지금 나온 연구결과는 말 그대로 중간보고서입니다. 아직 연구가 끝나지 않았어요. 여러분께서 말씀해주신 근거들을 제가 정리해서 연구소에 정확하게 전달하겠습니다."

나는 이어 현재 정부는 국가적 차원에서 새마을운동 발상지를 정하지 않겠다는 원칙을 갖고 있다는 사실을 전했다. 중앙정부의 원칙을 경북도에서 거스를 수 없는 현실을 알림으로써 오해의 여지를 두지 않았다. 연구결과 역시 도청에서 개입할 수는 없지만, 향후 문성리에서 이뤄지는 새마을운동 관련 행사는 적극적으로 지원하고 관심을 쏟

공원식, 경상북도 정무부지사

겠다는 도의 입장을 밝혔다.

　대화는 성공적이었다. 문성리 주민들은 내 제안에 고개를 끄덕였고, 자발적으로 시위 현수막을 떼어냈다.

　하지만 다음 날 더 큰 폭풍이 닥쳐왔다. 청도군 진입 톨게이트에 '공원식 정무부지사는 자폭하라'는 현수막이 걸린 것이다. 이유인즉슨 '포항 출신 공원식 정무부지사가 포항시 문성리를 새마을운동 발상지로 인정해줬다'는 것이었다.

　당시 인도네시아 족자카르타의 새마을회관 준공식 참석 일정으로 출국을 앞두고 있던 나는 "공항에 가기 전 청도 주민들부터 만나겠다"며 급하게 청도로 발길을 돌렸다. 그런데 청도에 다다랐을 무렵 한 통의 전화가 걸려왔다.

　"부지사님, 그냥 돌아가십시오. 여기 분위기가 너무 험악합니다. 오시면 봉변을 당하실 수도 있습니다."

　직원들은 긴장한 표정으로 돌아가자고 권했지만 나는 '청도행'을 고집했다. 문제가 발생했을 때 회피하기보다 당당하게 책임지는 자세로 민원인을 대해야 한다는 것이 내 소신이기 때문이었다.

　마을회관에 도착하니 회의장은 곧 터져나갈 것 같은 긴장감으로 가득했다. 원래 주민대표 20여 명과 간담회를 하기로 했던 자리였지만, 막상 현장에는 200여 명의 사람으로 북적거렸고, 마치 재판이라도 하는 듯 내가 앉을 의자 한 개만 달랑 앞에 놓여있는 것이 아닌가. 평소 강심장으로 소문난 나도 살짝 위축감을 느끼기에 충분할 만큼 분위기

인도네시아 족자카르타의 새마을회관 준공식

공원식, 경상북도 정무부지사

는 무척 험악했다.

숨을 한 번 고른 후 뚜벅뚜벅 내 자리로 걸어 들어가는데, 주민들의 격한 목소리가 터져 나오기 시작했다. 그리고 때맞춰 KBS, MBC, TBC 등 방송을 비롯해 언론사 카메라의 플래시가 일제히 터지자 회의장은 정신을 차리기 어려울 만큼 혼란스러워졌다.

잔뜩 화가 나서 사실관계를 묻는 주민들에게 나는 "포항을 새마을운동 발상지로 인정한 적이 없다"며 그 어느 때보다 차분한 목소리로 오해를 풀어나갔다.

그러자 주민들은 또 "그럼 청도를 새마을운동 발생지로 인정하느냐"는 질문을 해왔다. 나는 "연구 결과는 내가 인정하고 말고 할 수 있는 일이 아니다"라는 말과 함께 포항에서 주민들에게 했던 말과 원칙, 즉 "정부 차원에서 새마을운동 발상지를 정하지 않을 것이며, 청도에서 관련 행사를 할 경우 도 차원에서 지원을 할 것"이라는 말을 그대로 반복했다. 현장의 분위기를 모면하고자 주민들이 듣기 좋은 얘기만 할 경우 이후 더 큰 오해와 싸움을 불러일으킬 수도 있는 만큼 포항과 청도의 주민 모두에게 같은 원칙과 대응을 하는 것이 무엇보다 중요하다는 사실을 알고 있었기 때문이다.

주민들의 표정이 조금 누그러진 것을 확인한 후 곧이어 함께했던 시·도의원들을 향해 말문을 열었다.

"시·도의원들께서는 주민들의 의견을 듣고 조정자 역할을 해주셔야 합니다. 그런데 오히려 이 문제를 확대하는 입장에 서시면 어떻게 대화가 이뤄질 수 있겠습니까?"

　대결보다는 화합을 이끌어내는 것이 일을 풀어나가는 데 더 중요한 역할을 한다는 나의 생각을 공식적인 자리에서 분명하게 전달하고자 꺼낸 이야기였는데, 그 효과는 생각만큼 좋았다.

　내가 이야기를 시종일관 흔들림 없이 논리적으로 지속하자 주민들은 차츰 귀를 기울여주었고, 그날의 소동은 그대로 잦아들었다. 거침없이 분노를 쏟아내던 포항과 청도의 주민들은 이후 새마을운동의 '발상지 싸움'을 그만뒀다. 대신 서로 '우리 마을이 바로 새마을운동의 발상지'라는 생각으로 이에 걸맞은 다양한 행사를 기획하며 선의의 경쟁을 시작했다. 그 결과 현재 두 마을은 경상북도의 새마을운동 확산에 긍정적인 영향을 미치고 있으니, 이것이야말로 협력을 통해 상생하는 새마을운동 정신의 실천이 아닌가.

　이해관계가 얽힌 이슈가 발생하면 사람들은 쉽게 흥분하고 그만큼 논리적으로 대응하기 어려워진다. 하지만 나는 시위보다 대화가 문제를 해결하는 데 더 효과적이라는 것을 확신한다. 바로 이런 확신이 있었기에 나는 아무리 험악하고 복잡한 민원의 현장에서도 대화 우선의 원칙을 꿋꿋하게 지켜나갈 수 있었다.

공 부지사, 잘해!

"이번 새마을박람회에 대통령께서 우리 경상북도를 방문해주시면 좋겠는데, 공 부지사가 한번 애를 써보시면 어떨까요?"

2009년 8월 새마을박람회를 앞두고 경북도는 이명박 대통령의 지역 방문을 추진했다. 당시 행사에는 대통령이 아닌 국무총리가 참석하는 것으로 통보를 받은 상황이었지만, 오랫동안 준비한 행사인 만큼 대통령께서 직접 방문해 지역을 격려해주시길 간절히 바랐던 것이다. 그런데 영일만의 신항만 1차 준공을 앞둔 포항시 역시 대통령의 방문을 기대하고 있었고, 청와대는 양쪽의 방문 요청을 모두 수용하지 못하고 있었다.

"김대중 대통령도 임기 중 고향 방문을 한 번도 안 하셨는데······."

● 공원식, 경상북도 정무부지사

대통령의 고향 방문으로 언론에 괜한 트집을 잡힐까 고민하는 청와대의 입장도 이해가 되었지만, 나는 대통령의 방문을 손꼽아 기대하는 도의 분위기를 어떻게든 효과적으로 전달할 필요가 있었다.

"제 생각에 이번 사안은 단순한 고향 방문이 아닙니다. 새마을 정신의 확산과 신항만 준공이라는 역사적 현장에 대통령께서 함께하시는 것이지요. 그리고 이 문제는 지역구 국회의원의 의견도 참고해주셨으면 합니다. 포항은 이상득 부의장님과 이병석 국토해양위원장님(현 국회 부의장)의 지역구인데 지금 이상득 부의장님께서 해외에 계시니 귀국하시면 의견을 듣고 결정을 내려주시면 어떻겠습니까?"

간곡한 부탁에 청와대도 고개를 끄덕였고, 이상득 부의장님이 귀국한 후 나는 도의 입장을 전했다.

"대통령께서 구미만 방문할 경우 포항 시민들이 서운해 할 것이고, 포항만 방문하면 구미 시민들이 서운해할 테니, 양쪽을 모두 방문하시도록 말씀을 드려주셨으면 합니다."

그렇게 공을 들여 도의 의견을 청와대에 전달한 후 2주 동안 나는 무척 마음을 졸였다. 도가 나서서 새마을박람회에 대통령을 모시려 한다는 소문이 나자 관련된 단체가 이런저런 불만의 소리를 냈고, 청와대로부터는 어떤 긍정적 사인도 받지 못한 채 기다리자니 하루하루가 영 마음이 편치 않았다.

'정부에서 결정한 대로 그냥 따를 걸, 괜히 나서서 문제가 커진 게 아닐까······.'

하지만 아무것도 하지 않으면 기회조차 없는 것이다. 무엇이든 목표가 있다면 도전을 해야 한다는 것이 평소의 생각이었고, 최선을 다한 일의 결과를 차분히 기다렸다. 그리고 2주 후 드디어 청와대로부터 연락이 왔다. 대통령의 방문이 결정된 것이다.

대통령께서 박람회장에 도착하고, 공식행사가 시작되기 전에 지역을 대표하는 사람들과 인사를 나누는 짧은 시간이 마련되었다.

나는 대통령과 악수를 하는 기회를 얻게 되었고, 행사를 끝까지 지켜볼 수 있었다. 그런데 대통령께서 자리를 떠나며 내 앞을 지나실 때 갑자기 나를 향해 얼굴을 돌리셨다.

"공 부지사, 잘해!"

그간의 노력과 맘고생이 한순간 눈이 녹듯 사라지는 것 같았다. 최초의 정당 추천 정무부지사로 임명된 후 나는 지켜보는 눈이 많을 수밖에 없는 환경에서 업무를 해나가야 했고, 내 행보 하나하나에 스스로 부담을 느낄 수밖에 없었다. 이런 가운데 대통령의 한 마디는 '조금 더 잘해보자'며 스스로 격려하는 계기가 되었고, 이후 수많은 난제와 부딪혔을 때 더 큰 에너지를 발현시킬 수 있는 토양이 되었다.

대통령이 참석한 구미 새마을박람회장의 분위기는 열광의 도가니 그 자체였다. 그러나 무엇보다 내 마음을 울린 대통령의 말씀은 "새마을운동의 발상지는 바로 경북입니다"라는 한 마디였다. 당시 포항과 청도의 새마을운동 발상지 다툼으로 무척 힘든 시간을 보낸 내게 이는 솔로몬의 재판에서나 등장할 법한 현명하고 명쾌한 판결과도 같았다.

● 공원식, 경상북도 정무부지사

그날 이후 4개월이 지난 같은 해 12월, 이명박 대통령이 지방위원회 회의에 참석하기 위해 다시 한 번 경북도청을 찾았다.

청와대는 '대통령께서 도청 식당에서 간단히 점심을 할 것이며, 직원들이 평소 먹는 음식과 똑같이 준비할 것'을 요청해왔다. 하지만 직원들의 점심은 약 4,000원 정도의 가격에 맞춘 소박한 상차림으로 대통령께 내놓기에는 고민이 될 수밖에 없었다.

'직원 식당에서 식사를 하시지만 최대한 만족하실 수 있게 할 방법은 없을까?'

청와대의 요청을 무시할 수도 없었지만 무조건 따르기도 어려운 상황에서 나는 저렴하면서도 정성을 담은 밥상을 고민하기 시작했고, 수소문 끝에 대통령께서 좋아하는 음식이 콩잎과 밥식혜라는 사실을 알아냈다.

'바로 이것이다.'

나는 무릎을 탁 쳤다. 영양사에게 급히 콩잎과 밥식혜를 준비하라고 했다.

드디어 지방위원회 회의가 끝나고 식당에 들어선 이명박 대통령 앞에 소박한 밥상이 차려졌다. 직원들의 식단과 똑같은 반찬 사이로 콩잎과 밥식혜가 놓였는데, 대통령께서 이 콩잎과 밥식혜를 유독 맛있게 드시는 모습이 보였다. 소박하기 그지없지만 고향의 맛을 담은 음식 하나로 어느 진수성찬 못지않은 점심을 대접한 것 같아 마음이 뿌듯하기 그지없었다.

2009년 열린 대한민국 새마을박람회

새마을박람회를 앞두고 경북도는 이명박 대통령의 방문을 추진했다.

● 공원식, 경상북도 정무부지사

무슨 일이든 진심을 담아 준비하는 과정이 함께 한다면 보람된 결과를 얻을 수 있다는 평범한 진리를 다시 한 번 떠올리며, 나는 그날의 기억을 무척 즐거운 추억으로 간직하고 있다.

나는
불법(不法)과
대화하지 않는다

시위(示威)란 무엇인가. 사전을 보면 '다수의 사람이 공동의 목적을 추구하는 과정에서 정책당국이나 관련 조직에 대해 영향력을 행사하거나 일반시민에게 알리기 위해 시도하는 공개적이고 집합적인 의사표현 행위'라고 정의하고 있다.

정무부지사로 재임 중 나는 많은 시위의 현장에 있었다. 대부분 나름의 억울한 사정을 알리기 위한 시도였기 때문에 나 역시 참가자들의 처지를 이해하고 공감하는 데 큰 어려움이 없었다. 상대적으로 약자의 입장에 처한 민원인들이 자신의 견해를 알리기 위한 선택이었음을 함께 공감하는 것, 이것이 바로 내가 대화를 여는 첫 단계이다.

하지만 여기에는 나만의 원칙이 있다. 바로 불법(不法)과는 대화를 하지 않는다는 것이다.

● 공원식, 경상북도 정무부지사

2009년 경북도청 이전 문제로 주민들로 구성된 시위대가 도청 안으로 난입한 사건이 발생했다. 당시 나는 경상북도 도의회와 대구시의회의 친선체육대회에 도를 대표해 참석 중이었는데, 김관용 도지사님으로부터 급히 전화가 걸려왔다.

"공 부지사, 시위대가 도청에 난입했습니다. 지금 당장 도청으로 복귀하세요."

전화를 끊고 놀라 도청에 와보니 공무원들이 시위대를 겨우겨우 달래서 지하 구내식당에 모아 놓고, 문밖에서 나를 기다리고 있었다. 직원들은 물론이고, 시위대를 막지 못한 책임을 지고 있는 경찰들까지 안절부절못하고 있는 상황에 나는 무척 화가 났다.

"나는 오늘 어떤 대화도 하지 않겠습니다."

"부지사님, 그러지 마시고 이렇게 오셨으니, 저분들께 한 마디만 해주세요. 일단 화가 좀 가라앉고 나면 저희가 마무리하겠습니다."

경찰 측 책임자의 간곡한 부탁을 듣고 나는 앞장서 구내식당 문을 열었다. 일찌감치 와 있던 카메라 플래시가 일제히 터지고, 성난 시위대가 순식간에 나를 둘러쌌다.

"여러분은 지금 불법적 시위를 하고 계십니다. 저는 불법행위를 하는 사람들과는 대화하지 않습니다. 오늘 이대로 가시고, 다시 정식으로 대화를 합시다."

내 말이 끝나자 "뭐라고? 아니 뭐 저런 사람이 있어?"라며 주민들이 흥분하기 시작했고, 험한 욕설과 함께 무력을 사용할 기미까지 보이자 경찰과 직원들이 서둘러 나를 둘러쌌다.

"부지사님, 어서 피하세요, 이러다 맞습니다."

하지만 난 피할 생각이 전혀 없었다. 물론 나라고 해서 어디서 날아올지 모르는 주먹이 겁나지 않았던 것은 아니다. 하지만 물러설 수는 없었다.

'한 대 맞게 되면 그때 가서 대처 방법을 생각하자.'

나는 직원들의 팔을 뿌리치고 시위대를 향해 말을 이었다.

"불법이 아닌 상황에서 저는 얼마든지 대화를 할 수 있습니다. 하지만 오늘은 대화 안 합니다. 모두 돌아가십시오."

불법적 시위에 밀려 시작한 대화는 결코 진정성 있게 진행될 수 없다는 소신을 나는 그날도 꿋꿋하게 고수했다.

솔직히 당시 토지보상금에 대한 시위대의 주장이 터무니없던 것은 아니었다. 도청의 이전 계획에 따라 신청사 주변 지역의 토지 가격이 2~3배 올랐는데, 막상 도청 부지에 포함된 주민의 토지는 이전계획 발표 당시의 가격으로 묶여있었다. 이들의 실질적 손해를 보상해줄 제도의 보완이 필요했지만 주민들이 요구한 금액은 총 6,000~7,000억 원 규모로 공익사업을 위한 토지 등의 취득 및 보상에 관한 법률에 따른 보상기준의 2배가 넘었고, 이 조건을 도가 수용할 수는 없었다.

나는 오랜 기간 이어진 시위가 결국 도청 난입 사건으로 확대된 것은 양측이 신뢰를 쌓지 못한 과정에 문제가 있다고 생각한다. 토지보상 기준을 두고 처음 불만이 제기되었을 때 원칙을 바탕으로 충분한 설명이 있어야 했지만, 공무원들이 실질적으로 그들의 논리에 밀려 흔들리는 사이 주민들은 주민들대로 의견이 분열되었고, 시위는 점점 더 과격해져갔다.

여러 소동을 거치면서 다시 대화의 문이 열렸을 때도 나는 "대화 창구를 일원화해서 오세요. 그래야 실질적으로 협상이 진전되지 않겠습니까?"라며 대화의 규칙을 견지해나갔고, 대화가 진행될수록 보상률도 함께 증가하기 시작했다.

비록 내가 퇴임할 때까지 100% 보상 완료가 이뤄지지 않았고, 아직도 관련 재판이 진행 중이지만 현재 보상률은 98%에 달한다고 하니, 도 관계자들과 주민들이 어려운 상황에서도 대화를 통해 문제를 잘 해결하기 위해 얼마나 노력해왔는지를 짐작할 수 있다.

과격한 시위가 많기로 유명한 한국 사회에서 성숙된 시위문화에 대한 자성의 목소리가 점점 높아지고 있다. 불법은 불신(不信)의 토양과도 같다. 성숙한 시위문화 조성의 기본 조건은 일상화된 불법과 타협하지 않는 것이다. 이와 같은 합의로 이뤄지지 못할 대화란 없다.

리더는 스스로
존재할 수 없다

나는 사실 까다롭고 무서운 상사이다. 새로운 변화를 적극적으로 수용하지 않는 직원들에게 가차 없이 불호령을 내리고, 완벽한 준비와 꼼꼼한 일 처리를 주문한다. 무엇보다 제일 먼저 앞장서서 행동하는 불도저식 리더십 덕분에 나와 함께 일하는 직원들은 언제나 일 보따리를 끌어안고 있어야 할 뿐만 아니라, 늘 긴장을 유지한 채 업무에 임해야 했다. 게다가 관례적으로 이뤄지는 업무 행태에 대해서도 가혹할 만큼 융통성 없는 원칙의 잣대를 들이댔으니, 나 같은 상사가 직원들의 마음을 얻기란 무척 어려운 일이다.

그런데 직원들은 까다로운 상사를 멀리하기보다 '부지사식 방법'이라는 고유명사를 만들어 업무에 적용하며 나를 놀라게 했다. 도의회와 대화할 때, 민원을 해결할 때, 국회에 도의 입장을 설명하고 도움

● 공원식, 경상북도 정무부지사

을 이끌어내야 할 때 나의 일 처리 방식을 직원들은 적극적으로 배우고 따라주었다.

물론 나 역시 변화된 규칙으로 인해 겪을 수밖에 없는 어려움을 최대한 해결해주고자 노력했다.

낙동강 사업본부장 재임 중 출장비용이 넉넉하지 않아 공무를 끝낸 후 저녁 시간 술 한 잔 마실 수 없는 직원들에게도 나는 선뜻 개인 카드를 내주었다. 이러한 작은 문제에서 '관행'이라는 이름으로 별 의식 없이 이뤄지는 작은 부정(不正) 자체를 막고 싶었기 때문이다.

사실 정무부지사란 자리는 지휘관이면서 동시에 일의 뒤처리를 맡는 자리이기도 하다. 특히 직원들이 곤경에 처하거나 그들의 명예에 해가 될 수 있는 일이라면 나는 무슨 일이 있어도 해결해야 하는 책임감을 느끼곤 했다.

2010년 안동을 비롯한 전국이 구제역으로 몸살을 앓고 있을 때의 일이다. 당시 안동에서 시작된 구제역의 확산을 막기 위해 전국적으로 350만 두의 소와 돼지를 살처분(殺處分)하는 축산방역이 시행되고 있었고, 이 일을 담당한 공무원들은 감당하기 어려운 스트레스에 시달려야 했다. 그런데 이 와중에 구제역 방역 현장을 취재하기 위해 안동을 찾은 모 방송사와 안동시청의 직원들이 충돌하는 사건이 발생했다.

국민들의 관심이 집중된 상황이었던 만큼 방송사에서 취재를 하는 것은 당연한 일이었지만, 이미 정신과 육체 모두 지칠 대로 지쳐버린 현장의 공무원들은 시도 때도 없이 들이대는 방송사의 카메라에 민감할 수밖에 없었다. 급기야 취재팀과 말다툼을 벌이던 공무원이 방송사의 카메라를 집어던지는 상황이 벌어졌고, 이 일로 인해 경북도와 안동의 방역과 공무원의 잘못을 비판하는 프로그램이 방송될 것이라는 소식이 내 귀에 들려왔다.

"지금 현장의 공무원들은 이미 한계를 느낄 만큼 힘든데, 그런 방송이 나오면 사기가 심하게 꺾일 것입니다. 무슨 일이 있어도 막아야 합니다."

나는 급히 주변의 인맥을 수소문하기 시작했다. 무엇보다 해당 방송사의 프로그램 담당자와 얘기할 수 있는 기회를 만드는 것이 시급하다고 판단했다. 그리고 그날 저녁 기적처럼 프로그램 책임자와 얘기를 나눌 수 있게 되었다. 비록 전화로 나누는 대화였지만 나는 그 어느 때보다 진지하고 조심스럽게 말을 이어갔다.

"부지사님, 잘못은 안동의 공무원들에게 있습니다. 우리 방송사의 정당한 취재를 방해한 것은 국민의 알 권리를 침해한 매우 심각한 행동입니다."

전화선을 타고 차가운 냉기가 내 귀까지 그대로 전달되었고, 동시에 등에서는 한줄기 땀이 흘렀다.

"네, 잘 알고 있습니다. 방송을 하지 말아달라거나 내용을 바꿔달라는 부탁을 하기 위해 전화를 드린 것이 아닙니다. 그저 우리 입장을 설명할 수 있는 기회를 주시면 그것으로 족합니다."

● 공원식, 경상북도 정무부지사

정무부지사란 자리는 지휘관이면서 동시에 든든하게 뒤를 책임져주는 자리이기도 하다(구제역 관련 정부와의 긴급 간담회).

나는 무조건 고개를 숙였다. 그리고 공무원들이 처한 상황을 차분하게 설명해나갔다.

"비단 안동 공무원들만의 얘기가 아닙니다. 지금 전국의 공무원들은 극심한 고통 속에 빠져있습니다. 비록 가축이지만 살아있는 생명 수백만 마리를 땅에 묻고 있어요. 그 정신적 충격이 어느 정도라고 생각하십니까?"

"……."

나는 차분하게 다시 말을 이었다.

"아마 상상도 못 하실 겁니다. 현재 이곳에서만 무려 다섯 명의 공무원이 과로와 스트레스로 순직했습니다. 이런 상황에서 이성적으로 판단하고 행동할 수 있는 사람은 많지 않습니다. 저희의 실수이지만 이런 정황에 대해서 고려해주시길 바랍니다. 제가 드리고 싶은 말씀은 이것뿐입니다."

얘기가 끝났을 때 전화기 너머로 전해오던 싸늘한 기운은 더 이상 느껴지지 않았고, 나의 얘기에 상대방의 마음이 움직였음을 직감할 수 있었다.

전화를 끊은 후 나는 떨리는 심정으로 방송을 지켜보았다. 그리고 비로소 안도의 숨을 내쉴 수 있었다. 프로그램은 공무원들의 잘못을 지적하거나 비난하는 내용이 아니라 객관적으로 사실을 보도했다.

나는 힘들게 현장을 지키는 공무원들이 또 다른 마음의 상처를 입지 않도록 도울 수 있었다는 사실에 크게 만족했고, 바로 이런 일이야말로 리더가 해야 할 책무임을 다시 한 번 깨달았다.

세상에 스스로 리더의 자리에 오를 수 있는 사람은 없다. 리더란 따르는 사람이 있어야만 비로소 존재할 수 있기 때문이다.

나의 불도저식 리더십이 현장에서 성과를 낼 수 있었던 이유는 직원들이 제대로 일할 수 있도록 든든하게 뒤를 책임져주는 노력을 함께했기 때문이라고 생각한다. 이처럼 마음을 담은 리더십은 구성원의 능력을 극대화하고, 서로 협력할 수 있도록 하는 가장 큰 힘이라는 사실을 나는 함께 일한 동료들로부터 배웠다. 이들이 있었기에 지난날은 언제 돌이켜 생각해도 즐겁고 훈훈한 기억으로 남아있다.

● 공원식. 경상북도 정무부지사

울릉도의 미래는
대한민국의 비전이다

"지사님, 울릉도 주민의 뱃삯 보조금의 지방비 부담액을 경북도와 울릉군이 반반씩 부담하는 것은 무리가 있습니다. 재정이 약한 울릉군은 이조차 감당하기 어려운 형편입니다. 이 경우 경북도가 70%를 부담하는 것이 타당하다고 생각됩니다."

"흠. 일리가 있습니다. 적절한 방법을 찾아 검토해보세요."

경상북도 포항시 남구 울릉군. 이 작은 섬과 나는 참 특별한 인연을 갖고 있다. 1971년 까까머리 고등학생 때 여행경비로 쓸 쌀 한 주머니를 준비해, 12시간의 뱃길을 지독한 멀미와 싸우며 처음 울릉도에 입도한 이후 지금까지 약 20여 차례 방문했으며, 독도에도 10여 차례 발을 내디뎠으니 진한 추억과 함께하는 곳이기도 하다.

사실 울릉도 주민들의 뱃삯 보조금의 울릉군 부담금을 줄이기 위한

공원식, 경상북도 정무부지사

나의 노력은 오래전부터 계속됐다.

　울릉도를 오가는 배는 주민들이 내륙으로 들어오는 유일한 교통수단이다. 때문에 성인 일반석을 기준으로 한 요금 58,800원 중 주민들은 5,000원의 요금으로 배를 이용할 수 있다. 그리고 나머지 금액은 중앙정부와 지방자치단체인 경북도가 각각 50%씩 부담하는데, 경북도가 부담하는 지방비의 50%는 다시 울릉군과 반씩 나눠 부담하도록 규정되어 있었다. 그런데 이 50%조차도 울릉군은 부담할 여력이 충분하지 않았기 때문에 나는 경북도가 더 많은 부담을 해야 한다고 적극적으로 주장해온 것이다.

　몇 년간 꾸준히 제안을 했지만 지지부진 해결책을 찾지 못하던 중 이 문제를 해결하기 위해 경북도와 울릉군의 '7:3 부담'의 타당성을 일목요연하게 정리해 보고했고, 결국 김관용 도지사님의 결심으로 재정교부 기준을 바꿈으로써 울릉군의 지방비 부담을 줄이는 데 성공했다.

　1970년대 3만여 명에 달했던 울릉도의 주민 수는 이제 1만여 명 수준으로 크게 줄었다. 인구가 감소하는 이유는 단순하다. 주민들의 생활환경이 그만큼 뒤처져 있기 때문이다.

　교육과 주거 여건이 내륙에 비해 열악하고, 주요 산업인 어업도 중국 어선의 남획으로 어려움을 겪고 있다. 게다가 세계 어느 나라에서도 찾아보기 어려울 만큼 아름다운 자연환경을 갖고 있으면서도 부실한 인프라 때문에 관광산업을 발전시켜나가지도 못하고 있는 것이 바

● 공원식, 경상북도 정무부지사

로 울릉도의 현실이다.

　어릴 때는 아름다운 풍경에 빠져서 찾았던 울릉도를 이제는 법무부 범죄예방위원 활동을 비롯해 경상북도의장협의회 회장, 경상북도 정무부지사로서 다양한 활동을 위해 부지런히 찾고 있다.

　촉박한 일정 속에서도 울릉도를 방문할 때면 나는 되도록 성인봉 등반을 빠뜨리지 않는데, 한 번은 성인봉 등반을 거쳐 독도 입도까지 하루 일정으로 방문을 한 적이 있다.

　그날따라 일반 등산로를 따라 성인봉까지 등반하느라 시간이 오래 지체되면서 일행들 사이에서 "오늘 독도에 들어가지 못할 것 같다"는 말이 나오기 시작했다.

　사실 그때까지 성인봉 등반과 독도 입도를 하루에 다 성공한 전례가 없었을 뿐만 아니라, 독도 앞바다는 워낙 파도가 심해 배를 타고 바로 앞까지 갔다가 섬에는 오르지도 못하고, 배 안에서 멀리 독도의 형상만 보고 돌아오는 경우가 대부분이었다. '하늘과 바다가 허락해야만 갈 수 있는 곳이 바로 독도'라는 말이 있을 정도로 독도는 쉽게 길을 열어주지 않는 신비로운 섬이다.

　"우리는 오늘 갈 수 있을 겁니다."

　나는 차분하게 일행을 안심시켰다.

　도대체 어디서 그런 자신감이 나왔을까. 사실 성인봉 등반과 독도 입도를 하루 일정으로 잡은 것도 모두 내 고집이었다. 성인봉 정상에서 독도를 육안으로 보는 행운을 누려본 사람으로서 독도가 나에게 길을 열어줄 것이라는 강한 믿음이 있었다.

울릉도에서 독도를 바라볼 수 있는 날은 1년에 약 50일 정도에 불과하다. 그나마 뿌연 해무가 걷히는 고작 30분에서 1시간 정도 그 아름다운 자태를 슬쩍 보여준다. 이런 귀한 장면을 나는 여러 번 보았으니 스스로 울릉도, 독도와 깊은 인연이 있다고 믿을 수밖에 없지 않겠는가.

내 믿음은 틀리지 않았다. 우리가 탄 배가 독도에 다다랐을 때 파도가 평소의 절반 수준으로 잦아지기 시작했다. 그날 독도에 배를 대고, 도보로 계단을 올라 독도 경비대가 있는 곳까지 무사히 도착하는 행운을 만끽할 수 있었다.

일본의 독도 영유권 주장이 날로 격해지는 가운데, 우리는 국제법을 비롯한 역사적 근거를 통해 일본의 망언에 대응하고 있다. 그런데 울릉도와 독도를 가본 사람들은 이런 복잡한 근거를 읽고 이해하지 않아도 그냥 알 수 있다.

일본에서는 독도를 볼 수 없지만 울릉도에서는 훤히 볼 수 있기 때문에 옛날 많은 어민이 독도에 수시로 갈 수 있었으며, 그곳을 기점으로 어업활동을 할 수 있었다. 독도는 동떨어진 바위섬이 아니라 울릉도와 하나의 생활권으로 묶인 땅이라는 것을 울릉도에 가면 자연스럽게 알게 된다.

바로 이 점을 국제사회에 알려나가야 한다. 전 세계의 많은 사람이 울릉도를 방문해 이를 피부로 느끼도록 해야 하며, 이를 위해 필요한

● 공원식, 경상북도 정무부지사

것이 바로 관광 인프라 구축이다.

  정무부지사로 재임 시 반드시 해결하고 싶었던 또 하나의 이슈가 바로 울릉도 일주도로의 완성이었다. 낙동강 살리기 사업본부장을 겸임하며 지역 건설업체들이 사업에 되도록 많이 참여할 수 있도록 부산지방국토관리청에 지속적으로 건의했는데, 이때 울릉도 일주도로 건설을 경북도로 이관해오기 위해 무척 공을 들였다.

  울릉도 해안도로는 약 10분 정도 거리의 도로 끝이 연결되지 않아 20여 년 동안 일주도로로서 역할을 하지 못하고 있다. 때문에 많은 관광객은 해안도로를 따라 달리다가 다시 같은 길을 되돌아와야 하는데, 도로건설을 통해 해안도로를 연결하면, 무려 1시간 30분의 시간이 단축되고 이는 관광 인프라로서 큰 역할을 하게 될 것이다.

  당시 이상득 국회 부의장님과 이병석 국토해양위원장님(현 국회 부의장) 등 많은 분의 노력이 더해지면서 내가 정무부지사직을 퇴임할 때 국가사업으로 결정되어 입찰단계까지 지켜볼 수 있었으니, 울릉도 일주도로 건설은 나에게 무척 큰 보람을 남겨준 사업 중 하나가 되었다.

  이제 울릉도 공항건설을 통해 경비행기의 운항이 가능해지고, 탄소배출 '제로'의 녹색섬 프로젝트가 추진되면 그리스 산토리니 섬에 견줄 수 있는 세계적인 관광명소가 될 것이다. 이를 통해 전 세계 사람들이 독도가 울릉도의 생활권에 있는 명실공히 대한민국의 영토임을 자연스럽게 인식하게 되는 것, 이것이 바로 미래 울릉도의 역할이자 곧 대한민국의 비전이다.

죽은 예산도 살려내는 팀플레이의 힘

낙동강(洛東江). 강원도 태백시 함백산에서 발원해 영남을 지나 남해로 흘러드는 낙동강은 가야와 신라 1천 년 민족의 애환과 정서가 서려 있고, 임진왜란과 한국전쟁의 비극을 품고 있는 민족의 강이다.

나는 지금도 낙동강을 찾을 때마다 이 강에 얽힌 문화와 역사를 생각한다. 그러면 어김없이 이 강을 지키기 위해 젊은 목숨을 던진 63년 전의 장면들이 마치 내가 겪은 추억이라도 된 것처럼 떠올라 마음 한 구석을 뜨끈하게 데우곤 한다.

2009년부터 낙동강 살리기 사업본부장으로 현장을 누비는 동안 낙동강의 역사와 문화는 내게 더욱 특별하게 다가왔고, 마침 도에서 한국전쟁 60주년을 앞두고 '낙동강 호국평화벨트' 사업을 구상하며, 내

● 공원식, 경상북도 정무부지사

가 업무 총괄을 맡게 되었다.

1950년 한국전쟁 당시 북한군에 계속 밀리기만 하던 국군과 미군이 승전의 계기를 마련할 수 있었던 것은 낙동강 전투의 공적이다. 1950년 8월 다부동 전투의 승리를 시작으로 승기를 잡으면서 이는 인천상륙작전의 성공으로 이어졌고 전쟁의 판도가 바뀐 것이다.

포항과 안강, 영천, 군위, 칠곡, 상주, 안동, 그리고 영덕을 잇는 각 지역은 이처럼 영토를 지킨 전쟁의 스토리가 남아있는 곳이다. 도는 바로 이 지역들이 품고 있는 스토리에 맞게 추모공원 및 호국교육 체험관, 문화시설 등을 조성해 청소년 교육 인프라를 구축하는 계획을 세웠다.

그리고 2010년 6월 25일 김관용 도지사님께서 이명박 대통령의 방문에 맞춰 이 사업을 보고했다. 대통령의 반응은 상상 이상이었다. "이런 사업은 정부정책 사업으로 진행해야 한다"며 적극적으로 지원을 약속하신 것이다. 정부가 2010년부터 2015년까지 약 1,500억 원의 예산을 투입하기로 결정되면서 나뿐만 아니라 도 관계자 모두 사업이 빠르게 진행될 것을 기대하고 있었다.

그런데 느닷없이 첫 사업인 칠곡 다부동 전투 기념사업비 건립사업의 예산이 전액 삭감되었다는 소식이 들려왔다. 야당 쪽에서 '청와대 실세의 예산'이라며 정치적 이유로 전액을 삭감해버린 것이다.

"아니, 청와대 실세의 예산이라는 말 자체가 어불성설이지요. 이 사업은 경북에서 심혈을 기울여 기획하고 준비한 것인데……."

나는 도청의 직원들과 함께 부리나케 국회로 향했다. "이미 죽은 예산은 다시 살릴 수 없다"는 의견이 대다수였지만, 나는 그대로 포기할 수 없었다.

가장 먼저 이인기 국회 행안위원장을 만나 도움을 청했다. 경북 칠곡이 지역구인 이인기 위원장 역시 호국평화벨트 사업에 큰 관심을 갖고 있었기에 충분한 지원을 받을 수 있을 것으로 생각했다.

예산을 다시 살려내기 위해서는 국회 정무위원회 소위원회를 공략해야 했다. 나와 직원들은 서울에 상주하며 정무위원회 소속 국회의원들의 방을 모두 찾기로 했다. 국회의원을 직접 만날 수 없다면 보좌관과의 면담도 가리지 않았다. 직접 만나 호국평화벨트 사업의 의미와 필요성을 설명했다.

그리고 드디어 정무위원회 소위원회가 열리는 날, 이인기 위원장에게 당 소속 정무위원회 의원들에게 전화를 걸어줄 것을 요청했다. 그리고 회의실 앞에서 참석하는 의원들의 동정을 살폈다. 그런데 정무위원회 회의가 열리기 전 출석한 의원 수를 세어보니 야당 의원들은 모두 참석한 반면, 정작 여당 의원들의 참석률이 저조했다.

"이거 큰일 났다. 지금 빨리 의원실로 가서 직접 모셔와야겠어."

나와 직원들 모두 의원실로 달려갔고, 한 명 한 명 회의실로 모시고 왔는데 막상 한 분을 모셔오면 또 한 분이 자리를 비워 여전히 숫자가 부족한 상황이 지속되었다. 도청 직원들은 사색이 되어 다시 의원들을 찾아 나서기를 반복했다.

● 공원식, 경상북도 정무부지사

애가 바짝바짝 타는 시간이 지나고 결국 여당 소속 의원들의 전원 참석과 야당 쪽의 협조로 해당 상임위원회 본회의에서 호국평화벨트 사업의 예산은 부활에 성공했다. 그날 회의실 밖에서 서성이던 우리는 땀에 흠뻑 젖어 축축해진 셔츠를 입고 있었지만, 기분만큼은 하늘을 날 것 같이 가벼웠고, 서로의 어깨를 두드리며 기쁨을 함께 나눌 수 있었다.

팀플레이(Team Play)란 바로 이런 것이다. 정무부지사로 일하며 도의 주요 사업을 순조롭게 추진하기 위해 나는 정부와 국회, 도의회, 그리고 다양한 기관과 협력해야 했고 이때마다 지자체와 지역 국회의원, 그리고 정당이 하나의 팀이 되어 뛰었다. 이처럼 훌륭한 팀과 함께했기에 나는 도민의 심부름꾼으로서 최대의 역량을 발휘할 수 있었다.

정무부지사 퇴임을 얼마 앞두고 지역의 한 언론에서 나를 '국비 8조 원 확보의 주역'으로 소개한 적이 있다. 자랑스럽고 보람을 느낄 만한 칭찬이었지만 이는 결코 나 혼자만의 힘으로 이룬 성과가 아니다.

지방자치단체의 국비 확보는 주요 공약과 사업을 추진하느냐 마느냐와 관련된 매우 중요한 일이다. 실제로 민선 5기 이전 경북지역 국비사업 규모가 약 3조 원에 그쳤던 것에 비하면 약 8조 원의 국비 확보는 놀라운 결과임이 틀림없다.

국비 확보를 위해 필요한 것은 전략이다. 제일 먼저 우리가 제출한 예산이 정부 부처에 반영되어야 한다. 이를 위해 우리는 부처별로 전담팀을 만들었다. 정부 부처에서 살아남은 예산이 국회로 넘어가게 되면 다시 국회 근처에 작은 방을 하나 마련해서 예산 증액을 위해 치열한 시간을 보냈다.

국회가 열리는 15일에서 약 3주간의 기간 동안 도지사님은 당정위원회를 통해 지역 국회의원들이 팀을 구성해 일을 추진할 수 있도록 적극 건의하는 역할을 했다. 그리고 나와 직원들로 구성된 실무팀은 정부와 국회의 모든 인맥을 동원해 우리의 입장을 설명하고, 국회 의원회관의 의원실에 명함 한 장을 들고 찾아가는 일을 반복했다.

약 10명으로 구성된 출장팀은 대부분 작은 모텔이나 여관, 찜질방에서 묵게 되는데, 나는 열악한 환경에서도 직원들 누구 하나 불평을 하는 것을 본 적이 없다. 힘든 하루를 보내고 소주 한 잔 마실 여유가 없는 직원들에게 내 카드를 내줄 때마다 안쓰러운 마음이 들 때가 한두 번이 아니었다.

다행히 이러한 도청 공무원들의 헌신과 당정 협력의 효과가 2010년 국비 약 8조 원 확보라는 놀라운 결실로 나타났을 때 우리는 서로를 격려하고 스스로 자부심을 느낄 수 있었다.

2010년 정무부지사직을 그만두고 나의 오랜 꿈이었던 포항시장 출마를 고려하고 있을 때, "경북을 위해 한 번 더 열심히 일하라"는 김관용 도지사님 배려의 말씀을 따를 수밖에 없었던 것은 이처럼 훌륭한 사람들과 호흡을 맞춰 역동적으로 일할 기회의 소중함을 잘 알고 있었기 때문이다.

협력은 성실함을 갖춘 사람들만이 할 수 있는 일이다. 그리고 이 성

● 공원식, 경상북도 정무부지사

정무부지사 퇴임식

  실함은 끊임없이 자기를 훈련하고 내적인 신뢰를 쌓아가며 일상의 모든 상황에서 정직한 삶을 살기로 결단을 함으로써 얻어지는 것이다.
  자신을 필요로 하는 자리에서 죽을 만큼 최선을 다한다는 소신에 따라 나는 성실과 협력의 미덕으로 맡은 일을 해냈고, 2011년 10월, 약 2년 반 동안 정무부지사로서의 직무를 마치고 퇴임하는 날 가슴 한가득 보람과 감사함을 안고 당당한 발걸음으로 정든 도청을 떠날 수 있었다.

말하는 입보다
듣는 귀가
더 중요한 이유

재판 중 최고의 명판결은 '조정'이라는 말이 있다. 조정은 소송보다 비용과 노력을 아낄 수 있고 서로 양보하고 타협한 결과이기에 당사자들이 만족할 수 있다는 장점이 있다.

대구지방법원 포항지원 법원조정위원으로 활동한 지 10여 년의 세월이 흘렀다. 조정위원(調停委員)은 민사조정, 가사조정, 노동쟁의조정 등 정식 재판에 가기 전 양측의 합의를 이끌어내기 위한 조정을 담당하는데, 학식과 경력, 평판 등을 고려해 위촉되는 만큼 개인적으로 명예일 뿐만 아니라, 지역사회에 봉사할 수 있는 뜻깊은 자리이다.

의장 재임 중 의회에 직속민원실을 열어 민원인을 직접 만나고자 노력했던 내게 법원조정위원직은 시민들의 어려움을 현장에서 듣는 좋은 기회였다. 이는 하루 24시간이 부족할 만큼 바쁘게 뛰어다니는 내가 오랜 기간 이 일을 놓지 못하는 중요한 이유이기도 하다.

하지만 사람 일이라는 게 자로 잰 듯 딱 잘라 판단할 수 없는 경우가 종종 발생하기도 한다. 이럴 때는 양쪽의 주장을 같은 무게로 들어주는 게 중요하다.

더욱이 소액 조정의 대부분은 감정싸움에서 비롯된 경우가 많다. 배고픈 건 참아도 배 아픈 건 못 참는다 했던가, 합의에 실패해서 재판까지 각오한 사람들은 감정적으로 격앙된 상태에서 조정위원회에 온다. 극렬히 대립하는 양쪽을 두고, 무엇이 사실이며 어느 부분에서 합의를 도출할 수 있는지 판관 포청천의 명석함이 필요한 순간이다.

작은 사안이었지만 특히나 보람이 컸던 조정 건이 기억난다.

원고와 피고, 두 명의 남자가 씩씩대며 들어왔다. 거칠게 의자를 당겨 앉는 모습이 이미 감정의 골이 깊어 보였다.

원고인 중년의 남자가 나에게 먼저 하소연했다. 아파트 야외주차장에 세워둔 차량에 난데 없이 페인트 화학약품이 떨어져 차가 변색된 것이었다. 알고 보니 아파트 외벽을 칠하던 페인트공의 실수였다.

"차 색깔이 다 벗겨졌더라니까요. 그런데도 막무가내로 나오지 뭐예요. 물어줄 돈이 없으니 고소를 하든 재판을 하든 알아서 하라면서."

마른하늘에 날벼락도 아니고, 공중에서 페인트 약품이 떨어졌으니 피해자는 얼마나 놀랐을지 짐작이 갔다. 페인트 약품으로 인해 차가 변색돼 전체를 도색하느라 280만 원이나 지출해야 했다. 그런데도 페인트공은 사과는커녕 연락조차 회피해왔다는 것이다.

"제 얘기도 들어보세요. 저도 할 말이 많아요. 저 사람 하는 꼴이 너무 괘씸해서 가만있을 수가 없어요."

나는 페인트공을 쳐다봤다. 젊은 페인트공은 불만과 불신이 가득 서린 눈초리로 나를 봤다. 이런 경우 사회적으로 억울한 처지에 놓였던 사람들이 많다는 걸 난 경험적으로 직감했다. 일단은 페인트공의 말문을 틔워야 했다.

"이 분의 말이 사실입니까? 이 자리에선 누구나 자기주장을 할 수 있어요. 말씀해보세요."

"아저씨, 그날 제가 아파트 벽 칠한다고 차 빼라고 했어요, 안 했어요? 수차례 공지를 했음에도 불구하고 차량을 주차해 놓았으니 어쩔 수 없었잖아요."

"사전에 예고를 했었군요?"

내 말에 페인트공은 고개를 크게 끄덕였다. 페인트공의 입장에서 보자면 원고는 자기주장만 하는 사람이었다.

그런데도 원고는 차량 전체 도색비인 280만 원을 모두 받아야 한다고 맞섰다. 나는 페인트공을 밖으로 잠깐 내보내고 원고와 일대일로 대화했다. 피고인 페인트공은 자기가 없는 자리에서 혹시 다른 이야기라도 오고 갈까 봐 불안한 듯 주춤거리며 나갔다.

둘만 남게 되자 원고는 내가 자기 편이 됐다고 확신하는 모양이었

● 공원식, 경상북도 정무부지사

다. 그는 더욱 자신 어린 말투로 억울함을 토로했다. 나도 고개를 끄덕이며 일단은 맞장구쳐줬다.

"저 사람 봤죠? 위아래도 없이 뻣뻣하게 구는 거. 처음부터 사과라도 했으면 저도 이런 험한 꼴 안 봅니다."

"그러게요. 화가 나실 만도 했네요."

"이참에 본때를 보여줘야 해요. 그래서 소송을 건 게 아닙니까?"

"그런 마음이 들 수도 있겠네요. 이해가 갑니다."

이쯤 되자 원고의 얼굴이 조금 부드러운 표정으로 변했다. 이즈음에 나는 고소인의 잘못을 지적했다.

"그런데 왜 피해 입증도 없이 차량 도색부터 먼저 하셨습니까? 그리고 합법적 절차를 밟았으면 재판에 가도 수월할 텐데……. 지금 상황에선 전체 금액을 요구하는 건 무리가 있는 것 같아요."

내 말에 원고는 살짝 당황한 기색이었다. 나는 이때를 놓치지 않고 말을 이었다.

"뭐 정히 원하시면 재판으로 갈 수밖에 없지만요. 그런데 말예요. 저 사람 아파트 벽에 매달려 페인트칠을 하고 하루에 10만 원 번다네요. 280만 원이면 한 달을 빠듯하게 일하는 돈인데……사정이 딱하지 않습니까?"

"……."

조금 누그러진 원고에게 생각할 시간을 주었다. 잠시 후엔 페인트공과도 대화를 시작했다.

공원식, 경상북도 정무부지사

"들어보니 꼭 돈 때문에 고소한 것만은 아닌 거 같아요. 젊은 양반이 일 터졌을 때 그냥 한 번 수그려주지 그랬어요?"

"차량은 일부만 변색이 되었는데, 전체를 도색하다니 인정할 수 없어요. 일부 비용은 몰라도……."

"아, 그래서였군요. 생각해보니, 억울할 만도 하군요."

그 말에 페인트공은 과거 서러웠던 일들을 떠올리며 하소연했다. 그 긴 이야기를 나는 묵묵히 들어주며 고개를 끄덕여주며 말했다.

"차량의 도색은 일부만 하면 색이 달라집니다. 일단 변색되면 차량 전체를 다 할 수밖에 없어요. 그러니 너무 억울하다 생각만 하지 마시고 내가 조정을 잘할 테니 합의합시다."

결과는 대성공이었다. 처음 들어올 때 서로 얼굴도 쳐다보지 않던 두 사람이 웃으며 악수를 하던 모습은 지금도 보람된 기억으로 남아 있다.

또 하나 인상 깊었던 사례로, 사촌 처남 매형 간의 소송을 조정을 통해 속 시원하게 해결했던 적이 있다.

원고와 피고인 사촌 처남 매형은 모두 60대 장년이었는데, 서로에 대한 분노가 얼마나 큰지 아무런 대화 없이 앉아있는 모습에서 이미 깊은 감정의 골을 생생하게 느낄 수 있었다.

나는 먼저 원고인 처남에게 사건의 전말을 들어보았다.

포항 죽천에 땅을 갖고 있던 원고가 곧 신항만이 들어서면 땅값이 오를 것으로 예상하고 사촌 매형에게 땅을 좀 사두라고 권했다. 당시

• 공원식, 경상북도 정무부지사

경제적 여유가 있었던 매형은 제안을 흔쾌히 받아들였다. 대신 목돈이 없으니 조금씩 나눠서 땅값을 치르기로 합의하고 몇백만 원씩 조금씩 나누어 6,000만 원의 대금을 건넨 후 땅 등기를 이전받았다. 그런데 1년 후 원고가 피고에게 못 받은 1,000만 원의 땅값을 달라고 요구하면서 큰 싸움이 일어났고, 급기야 소송으로 확대된 것이다.

"원래 땅값이 7,000만 원입니다. 내가 믿고 계약서를 쓰지 않았는데, 땅값이 6,000만 원이었다며 매형이 내 돈을 떼어먹으려고 하는 것 아닙니까? 완전히 도둑놈입니다."

원고의 말이 채 끝나기도 전에 피고의 욕설이 터져 나왔다.

"무슨 소리야. 땅값은 6,000만 원이었고 이미 등기도 이전했는데, 이제 와서 돈을 더 내라니……, 너야말로 도둑놈 심보가 아니고 뭐야?"

반말과 욕설을 섞어가며 삿대질하던 두 사람은 서로 억울한(?) 입장을 얘기하느라 목에 핏대를 세우기 시작했다.

나는 우선 두 사람을 진정시킨 후 양쪽의 이야기를 더 들어보기 위해 질문을 시작했다. 서로의 진심과 오해가 무엇인지 알기 위해서는 더 많은 얘기를 들을 필요가 있었다.

"피고는 6,000만 원을 주고 산 땅의 보상금으로 얼마를 받으셨습니까?"

"7,900만 원 받았습니다."

그러자 이번에는 원고가 대뜸 욕설을 하며 피고에게 버럭 소리를 질렀다.

"뭐라고? 1억 2,000만~1억 3,000만 원이 보상금이었다는 사실을 내가 알고 있는데, 못된 거짓말쟁이 같으니라고……."

"뭐야? 너야말로 거짓말쟁이다. 내가 땅값의 두 배나 벌었다고 우기면서 돈을 더 뜯어내려는 게 시커먼 욕심이 아니면 뭐냐?"

두 사람의 싸움을 지켜보며 나는 드디어 문제의 핵심을 찾아낼 수 있었다. 원고는 피고로부터 땅값을 조금씩 나눠 받은 데다가, 그 땅을 두 배 이상 보상받았음에도 불구하고 부족한 땅값 1,000만 원을 더 주지 않는 원고가 무척 괘씸했던 것이고, 피고는 땅값이 1,000만 원 밖에 오르지 않았다는 사실을 믿지 않는 원고에게 다른 마음이 있다고 오해를 하고 있었다. 오해의 핵심을 알았으니 이제 내가 적극적으로 개입해 합의를 이끌어내야 할 단계였다.

"자, 그만 싸우세요. 두 사람 중 한 명은 거짓말을 하는 것이니, 내가 바로 이 자리에서 확인시켜드리겠습니다."

얼떨떨한 표정으로 내 얼굴을 주시하는 두 사람 앞에서 나는 시청의 담당 공무원에게 전화했다. 법원 조정을 위해 필요하니 정확한 보상금액을 알려달라고 부탁을 한 후, 혹시 오해라도 받을까 싶어 일부러 법원의 전화로 정확한 내용을 확인받았다.

"보상금액은 7,900만 원이 맞습니다. 원고 당신은 사실 확인도 없이 무조건 욕부터 한 셈이 되지 않았습니까?"

순간 원고는 머쓱해진 표정으로 입을 꼭 다물었고, 피고는 득의양

● 공원식, 경상북도 정무부지사

양한 표정으로 나를 바라보았다. 나는 곧이어 피고에게도 내 생각을 말했다.

"피고도 한 번 생각해 보세요. 계약서는 없지만, 내가 얘기를 들어 보니 땅값은 7,000만 원이 맞는 것 같습니다. 이 상황에서 두 배 이상의 보상금을 받았다는 소문을 들었으니, 당신 같으면 1,000만 원을 더 받아야겠다는 생각이 들지 않겠습니까?"

이번에는 피고도 아무 말을 하지 못했다. 한결 누그러진 두 사람의 분위기를 살핀 후 나는 정말로 내가 하고 싶었던 얘기를 허심탄회하게 풀어놓았다.

"아이고, 어르신들. 나이 육순이 다된 분들이 1,000만 원 때문에 형제간에 서로 욕설을 하고 싸우면 자식들 보기 부끄럽지 않습니까? 자식들은 어떻게 얼굴을 들고 살겠습니까."

원고와 피고 두 사람 모두 부끄러운 듯 얼굴이 벌겋게 달아오르더니 잠시 후 고개를 끄덕이기 시작했다.

"두 분 모두 무조건 양보하세요. 각각 500만 원씩 서로 양보하면 좋겠지만, 피고가 경제적으로 여유가 있으니 6 대 4로 합의합시다. 자, 이제 악수하시고 오늘 돌아가시는 길에 꼭 술 한 잔씩 하세요."

그제야 서로의 눈을 바라본 원고와 피고는 양손을 맞잡고 화해를 청했다.

"형님, 미안합니다. 원래 내 마음은 그게 아니었는데……."

"아니다, 내가 미안하다."

평생의 원수가 될 뻔했던 집안싸움은 그렇게 극적으로 해결되었고, 나 역시 두 노인의 맞잡은 손을 보며 껄껄 소리 내어 크게 웃을 수 있었다.

법원조정위원은 조정에 앞서 그 사람의 입장에서 먼저 생각하고 감정을 느껴보는 노력을 해야 하며, 이것이야말로 가장 중요한 덕목임을 매순간 느끼게 된다. 섣불리 조언부터 하다 보면 오히려 일을 그르치기 십상이다. 오랜 시간이라도 참고 들어주는 것이 더 중요한 이유다.

'임금님 귀는 당나귀 귀'라는 설화 속에 등장하는 복두장(㡤頭匠)은 임금님의 비밀을 품은 후 병을 얻어 대나무밭에 가서 소리치고 나서야 병이 깨끗이 나았다. 그런가 하면 대나무밭에서 들려오는 "임금님 귀는 당나귀 귀"라는 소리를 끝내 막지 못한 임금은 결국 자신의 큰 귀를 만천하에 공개하고, 백성들의 입을 막기보다 더 잘 들어 성군이 되었다고 한다. '소통의 미학'을 이처럼 재미있고 간결하게 보여주는 이야기가 또 있을까.

《삼국유사》에 등장하는 여이설화(驢耳說話), 신라의 48대 경문왕의 설화로 유명한 이 이야기는 수천 년이 흐른 요즘의 시대에 더욱 가깝게 다가온다.

갈등 중재의 선구자이자 《갈등해결의 기술》의 저자인 미국의 다니엘 대너(Daniel Dana)는 대부분의 근로자가 근무시간의 42%를 갈등 해결에 사용한다고도 했고, 갈등지수가 OECD 국가 중 4번째로 높은 대

● 공원식, 경상북도 정무부지사

한민국의 갈등비용은 연간 300조 원에 달한다고 하니 우리는 상상을 초월할 비용을 소통 부재의 대가로 지불하고 있는 셈이다.

그렇다면 어떻게 갈등을 해결할 것인가. 사회적, 국가적 차원은 잠시 접어두고 나와 동료, 이웃과의 관계를 다시 돌아봐야 한다. '경청(傾聽)'과 '역지사지(易地思之)'의 노력만으로도 소통은 시작된다. 소통의 끈을 놓지 않는 한 갈등은 언제든지 해결될 수 있다. 더 나은 사회에서 조금 더 행복해지기 위해 바로 지금 나부터 실천하는 노력이 필요한 시대다. 요즘처럼 계층 간, 세대 간 갈등이 첨예한 사회에서는 더더욱 그렇다.

인재를 키워야
지역이 성장한다

2011년 10월, 2년 6개월 동안 수행해온 정무부지사의 소임을 마친 후 나는 퇴임 전부터 마음속에 담아 두었던 작은 계획 하나를 실행에 옮겼다.

사실 '퇴직금만큼은 지역을 위해 의미 있게 쓰겠다'고 마음을 먹을 때부터 어디에 쓸 것인지 진즉 결정을 해놓았는데, 바로 지역 장학회에 기부를 하는 것이었다.

뭐든 결정을 하면 바로 행동에 옮겨야 직성이 풀리는 급한 성격대로 나는 퇴임 다음 달인 11월 9일, 포항시장학회에 퇴직금 1,000만 원을 기탁했다. 그리고 이어 내 모교인 포항제철공업고등학교 장학회에도 500만 원을 기탁했다.

내가 지역 장학회에 퇴직금 전액을 기탁한 이유는 간단하다.

● 공원식, 경상북도 정무부지사

경상북도의 정무부지사로 재임하며 다양한 책무들을 순조롭게 수행하고 성공적인 평가를 받을 수 있었던 것은 바로 내 고향 포항 시민들의 한결같은 성원이 있었기에 가능했고, 이에 대한 감사의 마음을 표현하고 싶었다.

지난 2004년 포항시의회 의장으로 재임 중에는 포항 시민들에게 감사의 뜻을 전하고자 《그래도 가장 좋은 것을 세상에 주어라》 출판기념회에서 얻어진 수익금 875만 원을 지역의 어려운 이웃을 위해 써달라고 기탁한 바 있다.

하지만 대부분 나의 기부활동은 장학회에 많이 집중되는 편인데, 이는 내가 장학회의 중요성을 잘 알고 있기 때문이며, 실제로 기회가 있을 때마다 장학회를 설립하는 데 많은 노력을 기울여왔다.

어릴 적 수학여행비 560원이 없어서 서울에 갈 수 없었던 시절, 나는 잠시 돈 없이도 마음껏 공부할 수 있는 세상을 상상해본 적이 있다. 그때의 경험 때문일까. 모교인 포항제철공고와 흥해중학교 동창회장을 역임하면서 내가 가장 심혈을 기울였던 부분이 바로 장학회의 기반을 다지는 것이었다.

포항제철공고 1회 졸업생인 나는 30세가 채 되기도 전에 동창회장을 역임했고, 이후 서너 차례 더 동창회장의 책임을 맡게 되었다.

"우리 모교가 공업고등학교로 기술 인력을 양성하는 곳이지만, 장학회만큼은 꼭 필요한 것 같습니다. 어떻게 생각하십니까?"

출판기념회에서 얻어진 수익금 875만 원을 지역의 어려운 이웃을 위해 써달라고 기탁하였다.

부지사 퇴직금 1,000만 원을 포항시 장학기금으로 기탁했다.

지금으로부터 약 10여 년 전 동문과 함께 하는 자리에서 나는 동문회 최초로 장학회 설립에 대해 제안을 했다.

"장학회라……, 좋지요. 그런데 기금이 문제 아닙니까."

마음속으로 생각은 품고 있었지만 말 그대로 많은 돈이 필요한 일이기 때문에 누구도 선뜻 얘기를 꺼내지 못하고 있었다.

"뜻이 있는 곳에 길이 있다고 하지 않습니까. 일단 한번 시작해봅시다."

나는 동창회 임원들과 함께 사업으로 성공한 동문을 찾아 수소문했고, 1,000만 원에서 100만 원까지 형편에 따라 조금씩 성의껏 출연한 결과 2,000만 원의 초기 기금을 마련할 수 있었다. 당장 장학재단을 설립할 수 있을 만큼은 아니지만 장학재단 설립을 위한 위원회를 조직하고 일을 추진할 수 있는 자신감을 얻기엔 충분한 돈이었고, 그 힘을 바탕으로 부지런히 노력한 결과 2011년 드디어 2억 7,000만 원을 토대로 장학재단 법인을 설립하는 성과를 거뒀다.

이 장학재단은 앞으로 가정환경이 어려운 포항제철공고 후배들의 꿈을 이루는 과정에 힘을 보탤 것이다. 그리고 장학재단을 통해 인재로 성장한 후배들은 고향의 발전에 일익을 담당하게 될 것이다.

모교인 흥해중학교 동창회의 장학회도 포항제철공고 장학재단의 출발과 다름이 없었다.

흥해중학교 동창회장의 책무가 주어졌을 때도 나는 장학회 설립을 최우선 목표로 정했다. 현금 5만 원이 들어있는 통장으로 시작해 현재 3,000만 원의 기금을 조성했으니, 이제 첫 걸음을 뗄 수 있는 토대를 마련한 셈이다. 고교 장학재단이 그랬듯이 어렵다고 한숨 쉬지 말고 목표를 향해 부지런히 달려간다면 머지않아 홍해중학교 동문 장학재단 설립도 충분히 해낼 수 있을 것으로 믿고 있다.

경제가 빠르게 성장하면서 대한민국 구석구석이 크게 발전했다고 하지만 경제, 산업, 문화 인프라는 여전히 수도권에 집중되어 있는 것이 현실이다. 때문에 국가적으로 지역 균형발전을 위한 여러 정책을 고민하고 있지만, 아직은 많이 부족하다.

지역 균형발전을 위한 가장 중요한 전략으로서 나는 지역의 일꾼, 즉 인재를 양성하는 것이 가장 중요하다고 생각한다. 인재들이 일찍부터 고향을 떠나 수도권에 머무르지 않고, 지역에서 성장해 지역을 위해 일할 수 있는 기반을 다져가야 지역이 발전할 수 있기 때문이다.

물론 이는 국가적 지원과 지방자치단체의 전략적 정책이 우선되어야 하지만, 나는 크고 작은 지역의 장학회가 이와 같은 토대와 분위기를 조성하는 데 적지 않은 도움을 줄 것으로 생각한다.

부잣집 아이들이 더 좋은 교육을 받을 수 있는 게 지금 우리 사회의 현실이 되었지만, 나는 꿈과 의지가 있는 어린 학생들을 인재로 양성하는 데 지역사회가 보다 큰 관심을 기울여야 하며, 그것이 바로 우리 모두가 함께 잘 살 수 있는 사회로 가는 지름길이 될 것이라고 믿고 있다.

> **"**
> 나는 항상 "큰 사업이든, 작은 사업이든
> 원칙이 흔들리지 않도록 스스로를
> 관리하는 것이 중요하다"고 말한다.
> 풀기 어려운 문제일수록 원칙이 가장 쉬운 해결책이
> 된다는 사실을 나는 경험을 통해 배우고 또 실천해왔다.
> **"**

공원식,
경상북도관광공사 초대사장

● 프롤로그

경청하는 원칙주의자,
변화를 주도하는 CEO

2011년 10월 경상북도 정무부지사직에서 퇴임한 후 내게 공기업 초대사장이라는 또 다른 기회가 찾아왔다.

경상북도관광공사의 출범은 정무부지사 재임 시 내가 무척 심혈을 기울였던 사업이다. 따라서 경북의 관광산업을 이끌 공기업으로서 그 출범의 의미를 누구보다 잘 알고 있었고 남다른 애정도 갖고 있었다. 하지만 퇴임 후에는 모든 욕심을 내려놓고 사업가와 동국대 겸임교수로 활동하며 새로운 길을 준비하고 있었다.

이런 내가 경상북도관광공사 초대사장 공모에 응한 이유는 바로 도전을 즐기는 나의 성격과 공사의 인수과정에 깊숙하게 참여한 사람으로서 느끼는 책임감 때문이었다.

공모 결과 나는 초대사장으로 결정되었고, 나는 곧 인수한 ㈜경북

공원식, 경상북도관광공사 초대사장 ●

관광개발공사의 청산과 경상북도관광공사와의 합병에 따른 양도세 270억 원의 문제를 시급히 해결해야만 했다. 결국 경북도와 함께 법 개정을 발의해 4개월 만에 지방공기업법 개정안을 통과시켰고, 비로소 합병 절차를 거쳐 경상북도관광공사는 새롭게 출발할 수 있었다.

2012년 6월 1일 초대사장 취임 후 나는 더 무거운 책임과 동시에 흥분되는 도전의 시간을 보냈다.

효율적인 조직 관리를 위해 15개 부서를 11개 팀으로 개편하는 구조조정을 감행하면서도 직무전환을 통해 대량 해고를 피했고, 이 기회를 직원들의 직무교육으로 활용하는 파격적인 개혁을 추진했다. 적자가 큰 부문을 과감하게 아웃소싱으로 전환하고, 마른행주도 쥐어짜듯 절약해 경상비를 30% 절감했다.

적극적인 마케팅으로 보문골프클럽은 전년대비 순이익이 23% 증가했고, 재산매각 부문에서는 130억 원의 민간자본을 유치했다. 또한 경주의 역사와 문화, 그리고 의료시설을 연계하는 의료관광과 같은 새로운 콘텐츠 개발에 나서는 등 현재 공사의 발걸음은 그 어느 때보다 힘차다.

그러나 이 모든 과정은 직원들과 함께 소통하고 신뢰하는 기반 위에 추진되어야 했고, 나는 직원들의 입과 내 귀를 열기 위한 다양한 실험과 도전을 감행했다.

인사권한을 책임자에게 이양하고, 직군 차별을 폐지했으며, 의사

결정에 토론문화를 도입하고, 직무전환 배치에 직원들의 의견을 반영함으로써 소통과 협력을 통한 변화의 바람을 일으켰다. 그리고 무엇보다 모든 사업에 경쟁입찰을 도입하는 등 청렴한 조직문화를 조성해 나갔고 2012년도 공공기관 청렴도 평가에서 내부청렴도 1위를 차지하는 기쁨을 맛보았다.

초대사장으로 보낸 지난 1년간 나는 진정 온 마음을 담아 맡은 일을 추진했고, 목표를 향해 주춤거리지 않았다. 더욱 치열해진 기업환경에서 살아남을 수 있는 체질을 갖추기 위해 강도 높은 변화를 선택함으로써 공사 직원들은 낯설고 어려운 시간을 보내야 했지만, 우리는 전보다 강해졌고 이제 우리나라 공기업의 성공모델이 되는 날을 꿈꾸고 있다.

포항 토박이로 평생을 살아오며 내게는 지역사회를 위해 일할 많은 기회가 있었고, 그 기회에 감사하며 항상 보답하는 마음으로 일을 해 왔다. 그리고 그 과정에서 나는 옳다고 믿는 일이라면 누가 뭐라고 해도 소신을 굽히지 않는 고집쟁이였지만 후회하지 않는다.

이제 나는 그간의 경험과 지식이 끊임없이 소통하고 공감하기 위한 밑거름이 되어 지역발전에 쓰이길 바라며, 젊은 인재들과 경상북도관광공사 직원들에게 작은 도움이 되기를 바란다. 앞으로 나를 지지해 준 많은 분의 믿음을 소중하게 지킬 수 있도록 더 열심히, 더 고집스럽게, 변함없이 깐깐한 원칙주의자로서 목표를 성취해나갈 것이다.

진인사대천명(盡人事待天命), 270억 폭탄을 피하다

"이제 경상북도관광공사는 진정한 경상북도의 공기업으로서 새로운 출발을 하게 되었습니다. 우리 경상북도의 관광 콘텐츠 개발과 실질적 경영수익 증가를 위해 함께 노력합시다."

2012년 6월 1일, 나는 경상북도관광공사 초대사장으로 취임했다.

경북도 정무부지사로 재임할 때부터 오랫동안 심혈을 기울여 탄생시킨 공사의 새로운 출발과 도약의 바탕을 마련해야 하는 CEO의 자리에 오르면서 나는 사실 기쁨보다 더 큰 책임감을 마음 깊이 새겨야 했다.

경북도에서 처음 ㈜경북관광개발공사의 인수를 결정한 이유는 도민의 뜻을 수용하고, 경상북도의 관광산업 활성화를 위한 선택이었다.

㈜경북관광개발공사는 한국관광공사의 자회사로서 1975년 세계은

행(IBRD)의 차관이 투자된 경주 보문관광단지와 함께 출발했다. 이 회사와 보문단지에 대한 경북 도민들, 특히 경주 시민들의 애정은 매우 각별한데, 그 이유는 단지개발을 위해 경주 시민들이 토지를 희사하거나 낮은 가격의 매각 등을 감수해왔기 때문이다.

그런데 ㈜경북관광개발공사가 민간에 매각될 경우 결국 이익이 되는 시설을 중심으로 매각될 것이고, 직원의 관리비용만 발생되는 문제가 남게 된다. 이는 도민의 정서에 반하는 결과로 이어질 것이 분명했다.

"우리가 인수합시다. 경상북도는 관광자원이 풍부한 곳입니다. 400km에 이르는 해안선과 백두대간, 낙동강이 있고, 신라 천 년의 역사와 유교문화 그리고 가야의 역사에 얽힌 스토리가 있는 곳이죠. 경북관광문화산업을 미래성장동력으로 삼아 새로운 인프라를 구축해 나갑시다."

김관용 도지사님의 결단으로 ㈜경북관광개발공사의 인수는 빠르게 진행되었고, 경상북도와 한국관광공사는 오랜 협상을 거쳐 약 1,800억 원의 매매계약을 체결했다. 게다가 10년 분할 납부라는 비교적 좋은 조건의 거래가 성사되어 모두 성공적인 결과라며 서로 격려했다.

그런데 ㈜경북관광개발공사의 청산절차를 거쳐 합병을 바로 앞두고 생각지도 못했던 세금을 부담해야 한다는 사실을 알게 되었다.

"양도세가 270억 원이라고요? 그 돈을 내고 나면 회사를 정상적으로 운영할 수 있겠어요?"

당시 우리는 양도세가 발생하는 인수의 절차를 밟는 대신 경상북도가 출자한 경상북도관광공사와 ㈜경북관광개발공사의 합병을 계획하고 있었다. 이 경우 양도소득으로 인한 이익에 대한 세금, 즉 양도세가 부과되지 않는다. 하지만 법원은 '지방공기업법 근거 부재'를 이유로 합병 불가를 판결했고, 우리는 억울한 마음에 고등법원까지 이어지는 소송을 진행했지만 결과는 아쉽게도 패배였다.

"법을 고칩시다."

"네?"

"이 모든 일은 합병의 근거가 부족한 법 때문에 일어난 것이니, 법을 개정해 이 문제를 바로 잡자는 것입니다."

일반적으로 법이 발의되어 통과되기까지만 해도 최소 1년의 기간이 필요한 만큼 도청 내부에서는 불가능하다는 의견이 나왔지만, 나와 경북도청의 직원들은 모두 일치된 마음으로 일단 도전을 선택했다. 하지만 앞으로 법 개정이 이뤄지고 발효되기까지 오랜 시간 동안 ㈜경북관광개발공사와 경상북도관광공사가 이원체제로 운영될 것을 생각하니 마음이 조급했다. 우리는 2013년 1월 법안을 발의하면서 불과 몇 달 후 시작될 국회 본회의 통과를 이끌어내야만 한다는 절박한 심정이었다.

우리는 당시 국회 행정안전위원장이었던 김태환 국회의원에게 지방공기업법 개정안 발의를 건의해 어렵게 승낙을 받는 데 성공했다.

● 공원식, 경상북도관광공사 초대사장

경상북도관광공사 비전 선포식

공원식, 경상북도관광공사 초대사장

또한 법 개정에 반대하는 행정안전부의 지방공기업 담당부서를 찾아 설득에 나섰다.

"취지는 이해하지만 지방공기업이 주식회사와 합병할 가능성을 열어줄 수 있고, 이는 악용의 소지가 크다"며 난색을 표하는 담당 공무원에게 "문제가 될 수 있는 부분을 보완하자"며 애걸한 후, 국회 입법조사관과 행정안전부 담당관이 동의할 수 있을 수준의 법안 내용을 구성하느라 땀을 흘려야 했다.

한 사람 한 사람 만나 설득을 할 때마다 얼마나 애가 타는지 물 한 병을 단숨에 벌컥벌컥 들이마셔도 입이 바짝 마르는 것 같았고, 타고난 에너자이저(Energizer)임을 자부하는 나도 순간순간 기운이 떨어지는 것을 느낄 정도로 초조한 시간이 흘렀다. 하지만 '나 개인이 아닌 도민의 이익을 위한 일'이라는 자부심은 어려운 순간마다 나를 지탱하는 큰 힘이 되어주었다.

2013년 5월, 드디어 기다리던 지방공기업법 개정안의 국회 본회의 통과 소식이 들려왔고, 경상북도관광공사는 정식 합병절차를 통해 새롭게 탄생할 수 있는 토대를 마련할 수 있게 되었다. 270억 원의 양도세도 납부할 필요가 없어진 것이다. 그리고 2013년 8월 1일 경상북도관광공사와 (주)경상북도관광개발공사는 정식 합병을 통해 하나의 회사가 되었다.

국회 역사상 이처럼 벼락같은 속도로 법안이 통과된 사례가 또 있을까.

● 공원식, 경상북도관광공사 초대사장

'수많은 사람들이 하나의 목표를 향해 집중하는 힘이 이토록 강한 것이구나.'

이는 일을 추진하는 과정의 단계마다 도지사님을 비롯한 도청의 직원들, 그리고 김태환 행정안전위원장님, 이병석 국회 부의장님 등 경북 출신의 여러 국회의원 모두가 진심을 다해 힘을 모았기에 가능했다는 사실을 새삼 깨달으며 나는 온몸에 전율이 흐르는 것과 같은 깊은 감동을 느꼈다.

진인사대천명(盡人事待天命). 사람이 할 수 있는 일을 다한 후 하늘의 뜻을 기다린다는 뜻의 이 고사성어가 우리에게 주는 메시지는 무엇인가.

무슨 일을 하든 자기 자신에게 '할 수 있는 일을 다 하였는가?', '마음속에 하늘도 감동시킬 만한 간절한 진심이 있었는가?'를 물어야 한다. 이에 망설임 없이 답을 할 수 있어야만 비로소 그 결과에 상관없이 스스로에게 아낌없는 박수를 쳐줄 수 있을 것이다.

스스로 변하지 않으면
새로운 출발도 없다

"어떻게 3억 원씩 적자를 내는 식당을 그대로 둘 수 있습니까? 입찰을 통해 아웃소싱(Outsourcing)으로 전환하겠습니다."

2012년 6월 경상북도관광공사의 초대사장으로 취임하며 내가 가장 시급하게 해결해야 할 문제는 경영 적자를 해결하는 것이었고, 그 첫 번째 대상은 바로 매년 3억 원의 적자를 기록하고 있는 보문골프클럽의 식당이었다.

'일반 식당보다 비싼 가격의 음식을 판매하면서 적자를 내는 이유가 뭘까?'

나는 그 이유가 궁금했고, 곧 정밀 진단에 착수했다. 여러 날의 조사 분석 후 밝혀낸 적자의 이유는 간단했다.

● 공원식, 경상북도관광공사 초대사장

골프장은 계절에 따른 이용객의 수가 달라 시기별 수익에 큰 차이가 있을 수밖에 없다. 하지만 식당은 상대적 고임금의 인력을 이런 특성과 관계없이 고정적으로 배치해왔기 때문에 효율적 운영이 불가능했고, 임금부담은 그대로 적자요인으로 누적되고 있었다.

이 문제를 해결하기 위해서는 직영체제를 포기하고, 아웃소싱을 통해 경영 효율성을 높이는 것 외에 다른 대안이 없었다. 하지만 식당을 아웃소싱으로 전환할 경우 담당 직원들은 다른 업무로 전환배치 되거나 일부는 회사를 떠날 수밖에 없었다.

'어떻게 해야 하나……'

해결방법은 알고 있었지만, 회사의 입장만을 고려한 결정이 옳다고 볼 수 있을까. 고민 끝에 나는 직원들에게 선택의 기회를 주기로 했다. 한 가정의 생계를 책임지고 있는 사람들의 일터를 일방적으로 정리할 수는 없었다.

"직원 여러분이 경영쇄신을 통해 적자 폭을 줄이든지 아니면 직접 식당을 운영해보시든지 새로운 운영방안을 마련해야 합니다. 골프장 상황에 따라 휴일 스케줄을 유동적으로 하면 효율적으로 운영될 수 있을 것 같습니다. 월급을 받는 것보다 훨씬 나을 수도 있어요. 여러분이 맡는다면 보증금도 보증보험으로 대체해주고, 결제도 15일 단위로 하겠습니다. 이 제안은 여러분들에게 기회가 될 수 있어요. 1개월의 시간을 드릴 테니 결정을 해서 제게 알려주십시오."

나는 식당 직원들에게 공사 직원들도 깜짝 놀랄만한 제안을 했다.

회사의 전폭적인 지원까지 약속해서 말이다.

하지만 1개월의 시간 동안 누가 식당운영의 주체가 될 것인가에 대한 논란만 가중될 뿐 직원들은 어떤 결정도 내리지 못했다. 안타까웠지만, 더 이상의 시간을 지체할 수는 없었다. 나는 외부 아웃소싱을 결정하며, 직원들의 직무 전환배치를 통해 해고대상을 최소화하는 데 주력했다.

식당운영의 경쟁입찰을 공고하며 나는 문턱을 크게 낮췄다. 큰 기업에 맡기면 그만큼 이점도 많겠지만, 경주의 소시민들이 참여해 손맛을 내고 지역사회와 함께 성장하는 기초를 다져보고 싶었던 것이다. 그러나 경쟁입찰 결과 국내 유명 기업이 참여하게 되었고, 이제 연 3억 원의 적자대신, 1억 원의 수익을 예상하게 되었지만, 직원들이 직접 아웃소싱에 참여해 식당을 운영하도록 하는 내 작은 실험이 성공하지 못한 부분은 아직도 아쉬움으로 남는다.

골프장 식당의 적자문제를 해결하는 동안, 나는 업무 전반에 걸쳐 비효율적 업무 관행을 고쳐나갔다. 이른바 '새는 돈'을 찾아 막기 위해 업무 구석구석을 세밀하게 점검하고 살폈다.

"이게 도대체 무슨 얘기입니까? 몇 년씩 관리비를 내지 않은 사람들이 어떻게 버젓이 단지에서 영업을 할 수 있어요?"

"사장님, 그게 아무리 독촉을 해도 내지 않고 버티는지라……."

당시 공사는 단지 내 호텔, 식당 등 입주업체의 관리비를 제때 징수하지 못하고 이후 미납액을 손실로 떠안는 경우가 종종 있었는데, 나는 이처럼 잘못된 업무처리 방식을 철저하게 바로잡아나갔다.

먼저 분기별 관리비 납부를 제도화하고, 1차 납부가 안 되면 바로 채권을 확보하는 강한 정책을 밀고 나갔다. 그 과정에서 이른바 고의적 채무자의 경우 재산권 압류를 통해 끝까지 밀린 돈을 받아냈다.

또한 사업 지연으로 인해 발생한 연체료도 문제였다. 단지 내 토지 매각 후 계약금과 중도금만 지불하고 나머지 잔금을 내지 않은 채 사업을 미루고 있는 업체들의 경우 우리 공사 측에 사업지연으로 인한 연체료를 지불해야 했지만, 법적 효력이 약해 그동안 받지 못한 연체료가 무려 18억 원에 달하고 있었다.

이로 인한 금전적 손실은 물론, 이 업무를 처리하느라 발생하는 직원들의 업무적 손실 또한 두고 볼 수 없었던 나는 이들 업주를 찾아가 "연체료와 잔금을 모두 완납하고 빨리 사업을 진행하라"고 독촉을 했다. 하지만 이후로 순조롭게 진행이 되지 않자 머뭇거리지 않고 재판을 통해 '계약 해지'를 이끌어냈다.

과감한 정리를 통해 환수된 토지는 금액의 크고 작음과 상관없이 무조건 경쟁입찰의 조건으로 재공고를 함으로써, 투명함이야말로 가장 효율적인 업무처리의 기준이라는 것을 대내외적으로 알려나갔다.

더불어 경상비 절감을 위한 까다로운 규칙을 만들어나갔다. 일반 구매가 발생했을 때 기존에는 편안히 앉아서 전화로 구매했다면 이제 직원들은 직접 나가 더 저렴하게 물품을 구입하기 위해 노력해야 했다. 심지어 은행도 거래은행 중심이 아닌 은행 간 경쟁을 통해 더 높

중국 지웬시장 방문

보문골프클럽에서 열린 남성 아마추어 골프대회

은 이자를 보장하는 금융상품을 찾아 예치하고, 대출 역시 최저가 경쟁을 통해 은행을 선정했다.

그러자 직원들 사이에서는 "우리가 그동안 너무 안일했다"는 반성의 목소리와 함께, "너무 심한 것 아닌가, 이렇게까지 해야 하나"라는 불만이 섞여 나오기도 했다. 하지만 이와 같은 철저한 절약을 통해 나는 이전 대비 '경상비 30% 절감'이라는 성과를 이뤘으며, 보문골프클럽 사업부문에서만 수익률이 전년대비 23% 증가했다.

● 공원식, 경상북도관광공사 초대사장

정신없이 직원들을 독려하고 때로는 몰아세우며 개혁을 추진한 결과 2012년 11월 국민권익위원회 청렴도 평가에서 우리 공사가 내부청렴도 1위 기관으로 선정되었다는 소식을 들었다. 업무처리의 투명성, 부패행위 관행화 정도에서 매우 높은 점수를 받았고, 업무처리의 기준과 절차 및 공개성을 평가하는 외부청렴도에서도 무척 높은 점수를 받아 전국 16개 공직 유관단체 중 종합 4위에 오른 것이다.

취임 후 6개월간 노력의 결과였던 만큼 나보다 직원들 스스로 더 큰 보람을 느꼈을 것으로 나는 믿고 있다.

공기업은 공공의 이익을 추구하면서 동시에 경영 효율성도 높여야 하는 어려운 숙제를 안고 있다. 하지만 이 두 개의 목표 사이에서 균형을 유지하는 것은 결코 쉬운 일이 아니다. 그 어떤 기관보다 투명한 도덕성과 사기업 못지않은 경영적 판단으로 시대를 따라가야 하기 때문이다.

어떤 CEO도 혼자서 조직을 변화시킬 수는 없다. 변화란 아래로부터, 또한 스스로 선택해야 진정한 성과로 나타나기 때문이다.

수익을 보장하지 않는 공기업은 주저 없이 퇴출 명단에 오르는 것이 지금의 현실이다. 내가 직원들의 변화를 강하게 요구한 것은 바로 이런 현실에 빨리 적응하길 원했기 때문이며, 다행히도 직원들은 적극적으로 수용해주었다.

힘겹게 스스로 체질을 변화시켜온 만큼 앞으로 다가올 어떤 환경에서도 공사는 경쟁력을 잃지 않을 수 있을 것이다.

공정(公正), 마음을 여는 지름길이다

"지금부터 인사에 대한 권한을 여러분께 드리겠습니다. 승진과 전보의 과정에 나는 개입을 하지 않을 겁니다. 단, 그 인사결과를 제가 모니터링하겠습니다. 우리 공사 직원 가운데 누가 보더라도 공정하지 않은 인사일 경우 여러분이 그 책임을 지게 될 것입니다."

2012년 6월 초대사장으로 임명된 후 경상북도관광공사의 새로운 변화를 위해 내가 무척 심혈을 기울인 정책 중 하나가 바로 '인사(人事)'이다.

나는 수십 년간 이어온 공사의 인사 관례를 깨고 인사권을 간부급 직원들에게 이양하는 파격을 시도했다.

인사는 CEO의 핵심 권한이며 동시에 가장 큰 고민 중 하나이다. 합

● 공원식, 경상북도관광공사 초대사장

리적인 조직문화 조성의 핵심 요인인 만큼 구성원 누구나 인정할 수 있는 공정함이 요구되기 때문이다. 그럼에도 불구하고 내가 과감히 인사권한을 내려놓은 이유는 직원들의 눈높이에서 '소통'하기 위한 나름의 어려운 선택이었다.

사실 어느 조직이나 인사에 따른 크고 작은 뒷얘기들이 있기 마련이다. 그러나 나는 직원들이 업무 현장에서 동료들에게 능력을 인정받는 것이 얼마나 중요한 것인지, 함께 협력하는 것이 왜 필요한지 스스로 깨닫고 배우는 기회를 만들고 싶었다. 한 번의 잘못된 인사는 구성원 전체를 혼란에 빠뜨릴 수 있지만, 모두가 받아들일 수 있는 인사는 조직 전체에 활력을 불어넣을 수 있다.

내 '특명'을 받은 간부급 직원들의 고민은 슬쩍 지나는 표정에서도 충분히 느낄 수 있었고 나 역시 조금은 긴장된 마음으로 결과를 기다렸다.

드디어 인사결과가 발표되었고, 나는 약속대로 꼼꼼하게 모니터링을 했다. '객관적인 인사였다'는 직원들의 평가를 들으면서 나는 새로운 도전이 성공적이었음을 자축할 수 있었다.

조직 내 '직군 차별의 폐지' 또한 나의 결단이 필요했다. 처음 취임 당시 공사에는 기술·기능직과 일반직 그리고 업무직으로 구분된 조직이 있었다. 그런데 이 가운데 내가 관심을 둔 것이 바로 업무직이라는 직군이었다.

다른 두 직군과는 달리 공채를 통해 입사하지 않은 업무직 직원들은 비교적 단순한 업무를 담당한다는 이유로 따로 분류되고 있었는데, 근무조건에서 불리한 처우를 받고 있었다.

"같은 책상에서 크게 다르지 않은 업무를 하면서 급여와 신분의 벽을 세우는 것은 명백한 차별입니다. 앞으로 공사는 기술·기능직과 일반직 두 개의 직군만 두겠습니다."

내 말이 끝나자 간부직원들은 의아스러운 표정으로 내 얼굴을 주시했다. 그리고 내 말대로 따를 경우 앞으로 발생할 수 있는 온갖 문제들, 즉 '기존 직원들의 반대'와 '능력 부재' 등을 거론하며 반대 의견들을 쏟아내기 시작했다.

나는 한동안 가만히 그들의 의견을 들은 후 차분하게 다시 말을 이었다.

"여보시오. 일단 문제점보다는 긍정적인 부분부터 말을 해봅시다. 나 역시 이 직원들이 얼마나 일을 잘할 수 있을지는 잘 모릅니다. 그러나 직군의 벽에 막혀 자신의 능력을 펼쳐 보일 기회조차 얻지 못하는 것은 옳지 않아요."

나의 단호한 태도에 간부직원들은 더 이상 반대를 하지 못했다. 오래된 고용관례와 근무조건의 전면적인 개혁과정은 철저하게 비밀에 부쳤다. 민감한 문제인 만큼 많은 말(?)이 나올 가능성을 원천 봉쇄하였다.

드디어 전 직원에게 인사 결과를 공개하던 날 여기저기서 울음이 터져 나왔다는 얘기를 전해 들었다. 그동안 마음속에 설움을 쌓아두었던 업무직 직원들이 감동의 눈물을 흘렸다. 그리고 며칠 후, 술렁거리는 분위기가 잦아든 어느 날 얼굴을 본 적이 없는 직원 한 분이 내게 면담을 요청했다.

"사장님, 저희가 사장님께 저녁 식사를 한번 대접하고 싶습니다."

새로운 인사 조치로 일반직에 편입된 옛 업무직 직원들이 내게 고마음을 전달하고 싶다는 것이다. 예상치 못한 상황에 잠시 당황했지만 나는 그의 표정에서 순수한 마음을 충분히 읽을 수 있었다.

"그건 안 됩니다. 우리 공사는 사장이 직원을 모시는 곳이니까요."

농담 섞은 거절로 서로 큰 웃음을 나누며, 나의 결정이 옳았다는 사실을 다시 확신했다.

초대사장으로 임명된 후 새로운 변화를 위해 심혈을 기울인 정책 중 하나가 바로 '인사(人事)'이다.

공원식, 경상북도관광공사 초대사장

2010년 마이클 샌델 하버드대 교수의 《정의란 무엇인가》라는 책이 베스트셀러에 올랐을 때 우리 사회는 '정의'라는 키워드에 푹 빠져버린 스스로의 모습에 무척 놀랐다. 그리고 공정한 사회, 공정한 규칙에 대한 우리의 열망이 얼마나 큰지 새삼 깨달으며 씁쓸한 마음을 달래야 했다.

누군가 "직원들에게 인사권한을 주고 조직 내 차별적 장애물을 제거하는 것으로 무엇을 얻었느냐"고 묻는다면 나는 "직원들 모두가 공정한 게임의 규칙을 알게 된 것"이라고 자신 있게 말할 수 있다. 객관적 규칙이 있는 게임에서는 적어도 반칙과 요령으로 승리를 거둘 수 없으며, 이와 같은 조직에서 구성원은 비로소 열린 소통을 할 수 있다.

물론 세상에 어떤 법과 제도도 구성원을 100% 만족시킬 수는 없다. 그러나 옳은 방향이라면 활발한 토론을 거쳐 꾸준히 문제를 보완해가며 골조를 튼튼하게 세워야 한다. 함께 고민하고 당연히 생기는 이견을 기꺼이 받아들일 수 있는 소통의 문화가 바로 '공정함'을 만드는 바탕이 된다는 사실을 잊어서는 안 된다.

● 공원식, 경상북도관광공사 초대사장

사람을 키워야
조직이 성장한다

　　　　　　　　흔히들 공기업을 '편하기만 한 직장'이라고 생각한다. 가끔은 치열한 경쟁과 자기 계발, 직무능력 향상은 사기업에나 있는 얘기로 생각하는 분들도 있어 무척 속이 상한다.

　초대사장으로서 경북관광공사의 새로운 기틀을 다지는 임무를 맡게 된 만큼 나는 직원들이 한정된 일만 하다 정년퇴임하는 경직된 문화를 변화시키고 싶었다.

　"우리 직원들을 어느 분야, 어느 자리에 배치해도 그 일을 해낼 수 있도록 해야 합니다."

　취임 당시 경영 효율성을 위해 조직을 재정비하며 나는 대규모 구조조정으로 인한 대량 해고 대신 신규 사업에 직원들을 과감하게 전환배치하는 방식을 선택했는데, 이를 교육을 위한 절호의 기회로 삼

공원식, 경상북도관광공사 초대사장

기로 결심했다.

"여러분 모두 대학을 나오거나 일정 수준의 지식을 가진 사람들입니다. 왜 새롭게 배우려 하지 않고 변화하려고 하지 않습니까?"

오랫동안 해왔던 일 대신 새로운 직무를 맡게 된 직원들의 불만은 생각대로 만만치 않았다. 그 심정을 이해 못 하는 것은 아니었지만, '대체할 수 없는 전문지식이 필요한 직무가 아닌 이상, 평생 한 가지 일만 한다면 그것은 단순직에 불과하다'는 내 소신을 바꾸지는 않았다.

나는 전환배치를 통한 직원들의 직무변화가 개인의 미래를 위해서도 꼭 필요하다고 생각한다. 수십 년을 한 가지 업무만 익힌 사람은 결코 리더가 될 수 없다.

일정 수준의 직급으로 승진은 할 수 있겠지만, 복합행정 능력이 필요한 고위직으로 발탁될 기회는 갖기 어렵다. 그래서 공직사회, 일반기업을 비롯한 병원 등 특수한 조직에서도 직무 전환배치를 간부훈련으로 활용하곤 한다. 큰 대학병원의 의사가 홍보실장의 보직을 수행하는 것도 바로 이와 같은 이유이다.

그러나 직무 전환배치만으로는 직원들이 스스로 능동적 자세와 창의성을 갖도록 할 수 없다. 이는 교육이 아닌 평소의 습관으로 축적해야만 가능하며, 바로 기업문화의 변화가 필요한 것이다.

"사장이 하늘이 노랗다고 말하는데 직원들이 '예'라고 대답하면 회사가 망합니다. '아니요, 하늘은 파랗습니다'라고 말할 수 있어야 합니다. 그래야 사장이 한 발 물러서서 생각해볼 기회를 갖게 되는 겁니다."

● 공원식, 경상북도관광공사 초대사장

어찌 된 일인지 부임 초기 직원들은 하나같이 내 지시에 무조건 '예'라고 대답하기 일쑤였다. 이는 오랫동안 이어온 기업문화 때문이라고 판단한 나는 직원들에게 '의견 말하기 연습'을 시키기로 결심했다.

"서로 의견이 다르니 토론을 합시다. 끝까지 얘기하다 보면 결론이 날 겁니다. 토론을 통해 결정된 사안을 적용하고 그 결과에 대해서는 제가 책임지겠습니다."

물론 이 토론식 회의가 처음부터 원활하게 진행된 것은 아니다. 아무리 자유로운 발언이 가능하다고 해도 내 눈치를 보지 않을 수 없었다. 그도 그럴 것이 사장인 내가 의회와 공직, 기업 CEO를 비롯해 사회활동을 많이 하다 보니 다양한 분야의 경험이 있었고, 때문에 직원들은 철저히 준비하지 않으면 토론에서 나를 설득시키기 어렵다는 사실을 잘 알고 있었다.

하지만 나는 "언제나 귀를 열고 듣겠다"는 원칙을 고수했고, 실제로 약속을 지켰다.

매년 3억 원 이상의 적자에 허덕이는 골프장 식당의 경영정상화를 위해 아웃소싱으로 전환하면서 부득이하게 소수의 여성 직원들이 해고 대상자가 된 적이 있다. 회사를 위해 불가피한 조치였고, 내 의지도 단호했다.

그런데 해당 간부가 찾아와 "결정을 재고해 달라"는 요청을 해왔다. 식당의 여성 직원들을 새로 오픈하는 안동의 골프장으로 전환배치해 달라는 것이었다.

나 역시 마음으로는 선뜻 받아주고 싶었다. 그러나 CEO로서 쉽게 판단을 내리기는 어려웠다. 새로 오픈하는 사업장이니만큼 신·구 직원의 조화로 새로운 조직문화를 만들어나갈 필요가 있었기 때문이다.

하지만 고민을 거듭한 끝에 나는 '양보'를 결심했다. 조직의 신진대사를 활성화하는 일도 중요하지만, 직장을 잃게 되는 직원들의 입장을 생각하니 결심을 바꾸지 않을 수 없었다.

30~40대의 여성들을 골프장 프런트 직원으로 배치하며 작은 우려가 있었던 것도 사실이지만, 이는 기우에 불과했다. 1년이 지난 지금 누구보다 열심히 직무를 수행하는 그들은 안동 골프장의 활력 있는 분위기 조성에 일익을 담당하고 있다. 참으로 잘된 일이다.

● 공원식, 경상북도관광공사 초대사장

앉아서 손님을
기다리지 마라

"이렇게 지도만 펴놓고 앉아있으면 고객이 찾아옵니까? 사무실에서 고객을 기다리지 말고 고객이 있는 곳으로 직접 찾아가세요."

2012년 나는 보다 적극적으로 투자를 유치하기 위해 '찾아가는 마케팅'을 도입했다. 당시 공사는 새로운 관광단지 개발에 약 2,000억 원 규모의 재정을 투입하면서 상당한 부채를 안고 있었다. 이 부채를 줄이는 방법은 빨리 투자한 돈을 회수하는 것이며, 이를 위해서는 서둘러 단지 분양을 완료해야만 했다.

하지만 국내 부동산 경기는 오래전부터 침체현상을 겪고 있었고 투자자를 찾는 일은 쉽지 않았다. 나는 분양사무소 등 현장의 사무실을 줄이고 여력의 직원들을 모두 투입해 투자유치팀을 강화했다.

직원들이 발로 뛰며 투자자를 물색하고 계약을 추진하도록 한 것이다. 그리고 계약에 성공할 경우 인센티브를 제공하는 파격적 제도를 도입하며 직원들을 격려했다. 그리고 2013년 나는 또다시 새로운 아이디어를 고안해내 주변 사람들을 깜짝 놀라게 했다.

경주는 문화재의 보고(寶庫)로서, 토지개발 시 언제나 문화재 지표조사를 해야 한다. 이는 문화재 보호를 위해 꼭 필요한 규정이지만 투자자로서는 감수하기 어려운 위험요소(Risk)였다. 100억 원 규모의 투자 유치에 나서며 나는 보다 적극적으로 이들의 고민을 덜어주기로 결심했다.

"솔직히 우리도 땅속에 문화재가 있는지 여부를 알 수가 없습니다. 그러니 계약하신 부지의 문화재 지표조사를 직접 진행하시고, 만약 문

보문단지 외국인 홍보

● 공원식, 경상북도관광공사 초대사장

화재가 발굴되어 개발을 할 수 없을 경우 저희가 계약금을 돌려드리겠습니다. 그러니 이렇게 고민만 하지 말고 빨리 일을 진행해봅시다."

지금까지 단 한 번도 시행해보지 않은 특별한 제안에 직원들은 모두 어안이 벙벙한 얼굴이었지만, 나는 공정한 거래를 제안했음을 굳게 믿고 있다. 이런 조건이 아니라면 개발 가치를 확신할 수 없는 땅에 누가 투자를 하겠는가? 고객의 투자 위험요소를 줄일 수 있는 제안이야말로 '맞춤형 마케팅 전략'이다.

내 제안은 성공적이었다. 약 80억 원 규모의 계약이 이뤄진 것이다. 현재 이곳은 문화재 지표조사를 진행 중이며, 완료 후 본격적인 개발이 이뤄질 것이다. 이와 같은 노력으로 2013년 상반기 현재, 공사는 약 100억 원의 민자 유치에 성공했으며, 하반기에는 약 300억 원 규모의 투자완료를 확신하고 있다.

나는 여기에 만족하지 않고 부동산 전문회사와 계약을 통해 공격적인 마케팅을 추진하고 골프장, 의료관광 등 다양한 상품을 바탕으로 공사의 수익률 증가에 박차를 가하고 있다. 지난 1년간 계속 변화하는 시장에 적응하기 위해 잠시 쉴 틈도 없이 달려왔지만, 앞으로 가야 할 길은 더 멀고 힘겨울 것이다. 그러나 지난 1년과 같이 스스로 외부환경의 변화를 받아들이고 발 빠르게 시장의 흐름에 적응해나간다면 머지않아 경상북도관광공사가 공기업식 마케팅의 롤모델이 되는 날을 기대할 수 있을 것이다.

힐링관광의 메카,
경북을 꿈꾸다

"우리 국제힐링센터는 누구보다 공사장님과 가장 인연이 깊은 것 같습니다. 그러니 건배사를 해주시면 어떻겠습니까?"

2013년 6월 3일, 동국대학교경주병원 국제힐링센터의 준공식이 열렸다. 경상북도관광공사의 사장으로서 준공식과 리셉션에 참석한 나는 병원장으로부터 갑작스럽게 건배사를 제안받았다.

평소 강심장을 자랑하는 나였지만, 건배를 제의하는 동안 술잔을 든 손이 살짝 떨리는 것이 느껴졌다. 국제힐링센터와 나의 특별한 인연을 느끼며 깊은 감회에 젖어들었다.

경북의 의료관광 활성화 정책은 김관용 도지사님의 큰 관심으로 시

● 공원식, 경상북도관광공사 초대사장

작되었다.

경상북도는 참 다양한 자원을 보유하고 있는 곳이다. 빼어난 자연환경과 풍부한 먹을거리뿐만 아니라, 경주를 중심으로 한 문화유산은 세계 어디에 내놓아도 뒤처지지 않는다. 하지만 국내 관광은 물론이고, 아시아를 중심으로 확산하고 있는 한류(韓流)를 경북으로 강하게 유도할 만한 아이디어는 부족했다.

'단순히 보고 먹는 것 외에 경북을 꼭 방문하고 싶을 만한 콘텐츠로 뭐가 좋을까…….'

당시 김관용 도지사님의 의지 속에 직원들이 함께 생각해낸 관광상품이 바로 '의료관광'이었다.

이미 서울과 인천은 성형외과 등 몇 분야를 중심으로 한 의료관광이 활성화되고 있는 점에 착안한 아이디어였지만, 우리는 경북만의 특화된 의료 콘텐츠를 갖고 있지 않았다.

경북에는 대학병원 등 대형 병원이 많은 편이다. 그러나 대부분 병원은 모두 대구에 위치하고 있으며, 경주에 한 곳의 대학병원이 있을 뿐이었다. 그래서 경주 시민들을 비롯한 많은 기관에서는 지자체와 대학병원이 함께하는 공공사업의 필요성을 제기하고 있었고, 우리 경북도는 이 점을 주목했다.

동국대병원은 경주라는 문화유산 중심지에 위치한 만큼 경북 의료관광의 중심지가 될 만한 충분한 조건을 갖추고 있었고 김관용 도지사님은 바로 이 점이 수도권이나 부산 등 대도시와 경쟁할 만한 특화

경상북도관광공사와 동국대학교경주병원의 상호협력에 관한 협약

한방의료관광 활성화를 위한 업무협약 체결

● 공원식, 경상북도관광공사 초대사장

된 콘텐츠가 될 수 있다고 판단하셨다.

"힐링을 콘셉트로 하면 어떨까요? 치료보다 넓은 의미죠. 좋은 공기, 아름다운 풍광, 감동을 느낄 수 있는 문화유산을 즐기면서 아픈 사람은 치료하고, 지친 사람은 휴식을 취하는 거죠."

도청 담당 직원들의 아이디어가 말 그대로 '툭' 튀어나온 후 관계자들의 회의는 속도를 내기 시작했다. 경상북도와 경주시, 그리고 동국대병원 등 3개의 기관이 함께 협력해야만 하는 일임에도 불구하고 호흡을 맞춰가는 과정은 리듬을 타듯 부드럽고 역동적으로 진행되었다. 또한 가장 민감하고 현실적인 문제라고 할 수 있는 재원조달 방안 역시 동국대병원에서 40억 원, 경상북도와 경주시가 각각 20억 원을 투자하기로 협의되면서 어렵지 않게 80억 원의 재원을 마련할 수 있었다.

2011년 2월 나는 경상북도와 경주시, 그리고 동국대병원이 함께 하는 '국제 양·한방 의료관광산업 활성화 및 힐링(Healing)센터 건립을 위한 업무협약식(MOU)'에 경상북도를 대표해 참석하며 그 탄생의 순간을 지켜보았다.

그런데 2년여 시간이 흐른 후 경상북도의 관광사업을 포함해 동국대병원 국제힐링센터를 중심으로 한 의료관광 사업의 마케팅을 함께 해나갈 경상북도관광공사의 사장이 되어 준공식에 참석하게 되었으니, 그 인연이 어찌 특별하지 않다고 말할 수 있겠는가.

사실 동국대병원 국제힐링센터의 준공 전부터 나는 경북관광공사에 의료관광 TF팀을 구성하는 등 의료관광 활성화를 위한 조직을 구축해왔다.

내가 생각하는 의료관광의 활성화는 단지 국제힐링센터에 국한된 것이 아니다. 포항을 비롯한 김천, 안동에 있는 도립병원을 연계한 프로젝트가 있어야 산업발전의 성과를 도민들이 고루 나눌 수 있기 때문이다.

이를 위해 나는 서울관광마케팅㈜와 인천의료관광재단 등에 공사의 의료관광 TF팀을 직접 파견해 벤치마킹을 하도록 하는 반면, 한국관광공사와 업무협약을 통해 수도권에 집중되고 있는 의료관광객을 경북으로 유도하는 데 힘을 쏟고 있다.

향후 경주의 동국대학교 국제힐링센터뿐만 아니라 도립 병원을 중심으로 전문분야를 특화할 수 있는 마케팅을 통해 다양한 의료서비스를 제공할 수 있는 네트워크가 구축된다면 경북은 우리나라뿐만 아니라 동아시아 의료관광의 메카로 성장할 수 있을 것이다. 이를 위해 우리에게 필요한 것은 경상북도의 민·관·정계가 함께 협력하는 것이며, 어려운 시기가 오더라도 포기하지 않고 꾸준히 노력하는 것뿐이다.

● 공원식, 경상북도관광공사 초대사장

반전의 대성공,
이스탄불-경주세계문화엑스포

2013년 8월 31일, 터키 이스탄불의 아야 소피아박물관 앞 광장에서 '이스탄불-경주세계문화엑스포 2013' 개막식이 열렸다. 밤 9시 30분에 시작한 개막식과 공연은 흠잡을 데 없이 훌륭했고, 유네스코가 지정한 세계문화유산 이스탄불에서 옛 신라 문화의 향연이 펼쳐지는 모습을 지켜본다는 사실만으로도 현장의 우리는 깊은 흥분과 감동을 느꼈다.

사실 이 뜻깊은 행사의 시작은 지난 2010년으로 거슬러 올라간다. 당시 경상북도 정무부지사로 재임하고 있었던 나는 '이스탄불-경주세계문화엑스포 2013'의 성공적 개최를 준비하기 위해 경상북도를 대표해 터키 이스탄불을 방문했다.

2010년 경상북도와 경주시는 이스탄불에서 경주세계문화엑스포를

공원식, 경상북도관광공사 초대사장

개최한다면 전 세계에 양국의 문화 브랜드를 효과적으로 홍보할 수 있을 것으로 판단하고, 이스탄불 측에 세계문화엑스포의 공동 개최를 적극적으로 제안했다.

하지만 세계문화엑스포를 공동 개최하기까지 설득 과정은 결코 쉽지 않았다. 이스탄불 측이 이처럼 냉랭한 태도를 보인 것은 바로 '격이 맞지 않는다'는 이유 때문이었다.

이스탄불이 어떤 곳인가. 기원전 660년에는 그리스 시대의 번영을 간직한 비잔티움(Byzantium)이었고, 서기 330년에는 동로마제국의 수도 콘스탄티노플(Constantinople)이었으며, 15세기 오스만제국의 중심도시로서 세계를 호령했던 문화유산의 보고(寶庫)가 아닌가.

현재 인구 1,300여만 명의 대도시로서 연간 3,500만 명이 찾는 세계적 관광도시 이스탄불 시민들의 문화적 자긍심은 상상을 초월할 정도로 높다. 이런 그들의 눈으로 볼 때 경주는 인구 30만 명이 채 되지 않는 작은 규모의 이름 없는 도시에 불과했고, 그들은 이 두 도시가 동등한 입장에서 엑스포를 개최한다는 것을 받아들이기 힘들었다.

한편으로는 이해가 갔다. 그러나 이스탄불-경주세계문화엑스포는 그 성과에 대한 기대가 높았던 만큼, 나는 이스탄불 현지에서 어떻게든 협상을 진행시켜야 했다.

우리는 전략에 따라 '경주와 이스탄불은 동서양 문명 교차로인 실크로드의 동서쪽 기점'이라는 인연을 강조함과 동시에 경주가 품고 있는 무형의 유산, 즉 화랑도 등을 통해 드러나는 신라 정신문화의 우수성

● 공원식, 경상북도관광공사 초대사장

을 부각하는 데 주력했다. 그리고 그 혼(魂)이 케이팝(K-pop)과 영화, 공연 등 한류문화 콘텐츠에 어떤 영향을 미쳐왔는지 또한 최첨단 한국 정보기술(IT)을 통해 어떻게 구현되고 있는지 등을 차분하게 설득해나갔다.

이런 노력의 결과 이스탄불 측의 태도가 조금씩 변하기 시작했다. 경주가 유형의 문화유산은 이스탄불에 비해 상대적으로 적을지 몰라도 무형의 문화자산은 결코 이스탄불에 뒤지지 않는 도시라는 걸 조금씩 인정하기 시작한 것이다.

그러나 한국으로 돌아와야 할 시간이 다가올 때까지도 이스탄불시는 선뜻 결정을 내리지 못했다. 그러자 빈손으로 돌아가야 할지도 모른다는 부담이 압박해왔고, 나는 귀국 일정을 연기하는 결단을 내렸다.

"하루 더 머뭅시다."

내 결정에 도청 직원들의 표정은 어둡기만 했다. 우리 모두 '단 하루' 만에 상황을 바꿀 수 있을 것이라고 확신하지 못했기 때문이었다. 하지만 그대로 포기할 수 없었던 나는 아흐메트 셀라메트(Ahmet Selamet) 이스탄불시 부시장에게 새로운 제안을 했다.

"이스탄불시가 양해각서(MOU) 체결에 부담을 느끼는 것을 잘 알고 있습니다. 하지만 이스탄불시도 경주시의 역사와 문화적 가치에 대해서는 인정하고 있지 않습니까?"

"그렇죠. 하지만 양해각서(MOU)는 상당한 구속력을 갖는 만큼 지금 당장 결정을 내리기 어려울 것 같군요."

"그래서 저희가 다른 제안을 드리고자 합니다. 양해각서가 부담되신다면 먼저 '문화교류 협력증진 의향서(LOI, Letter Of Intent)'를 체결하면 어떻겠습니까?"

국제적 정식계약 체결 전에 계약 의도와 목적, 합의 내용 등을 확인하는 예비적 합의문서인 의향서(LOI)를 먼저 체결함으로써 이스탄불 측의 부담도 줄여주고, 동시에 향후 논의를 지속할 길을 터놓자는 것이 바로 나의 전략이었다.

결국 우리 측 제안에 이스탄불시가 동의하면서 2010년 12월 2일 경상북도와 이스탄불시는 '문화교류 협력증진 의향서'를 극적으로 체결하는 데 성공했다. 그리고 이를 바탕으로 2012년 5월 26일 드디어 '이스탄불-경주세계문화엑스포 2013' 공동 개최를 약속하는 양해각서(MOU)가 체결되었으며, 2013년 8월 31일부터 23일간 이스탄불에서 개최된 '이스탄불-경주세계문화엑스포 2013'은 말 그대로 대성공을 거뒀다.

처음 기획단계에서 '무모하다'는 우려의 목소리가 높았지만, '이스탄불-경주세계문화엑스포 2013'은 문화, 관광, 경제 등 다양한 분야에서 반전의 성과를 낳았다. '길, 만남, 그리고 동행'을 주제로 진행된 엑스포 기간 중 당초 기대했던 250만 명을 훨씬 웃도는 480만 명이 다녀갔으며, 경상북도관광공사와 경상북도 22개 시·군이 공동으로 운영한 '경상북도 시·군 홍보관'에는 하루 평균 7만 명의 관광객이 방문해 우리 경상북도의 맛과 멋을 경험하고 즐겼다.

● 공원식, 경상북도관광공사 초대사장

2010년 이스탄불-경상북도 문화교류 협력증진 의향서 체결

그 결과 엑스포 조직위원회가 조사한 '엑스포 관람 후 한국이나 경주를 방문할 욕구'가 터키인은 18.2%, 영어권 관광객은 31.6% 늘었다고 한다. 게다가 이번 엑스포를 기점으로 한국과 터키 양국은 '포스트 이스탄불-경주엑스포'를 논의하기 시작했고, 향후 문화, 스포츠를 넘어 산업, 통상 분야로 교류영역을 확대해나갈 계획이라고 한다.

이들 성과는 관광업계 종사자들을 대상으로 한 정형화된 전시회를 벗어나 세계 문화의 중심지에서 관광객을 대상으로 우리 문화를 홍보하는 대범한 도전의식, 그리고 김관용 도지사님과 도청 직원들, 엑스포 조직위원회 관계자들의 환상적인 호흡이 있었기에 가능한 일이었다.

나는 '이스탄불-경주세계문화엑스포 2013'이야 말로 지자체 관광산업 활성화를 위한 훌륭한 모델이 될 수 있다고 생각한다. 이 행사는 처음부터 중앙정부가 아닌 지자체가 나서서 이뤄내었고, 국가 차원의 행사 못지않은 성과를 거둔 첫 사례이기 때문이다.

관광객을 조금이라도 더 유치하려는 세계 각국의 싸움은 총성 없는 전쟁과도 같다. 이런 환경에서 지역의 관광산업을 활성화하기 위해서는 지자체 관계자들이 치열한 세계의 관광객 유치전 속으로 뛰어들어야만 한다. 뉴욕의 센트럴파크, 파리의 콩코드 광장, 런던의 트라팔가 광장 등 365일 세계 관광객들로 북적이는 문화의 광장에서 세계문화엑스포를 개최하고, 살아있는 홍보를 펼쳐야 하는 것이다.

처음 문을 열고 길을 내는 과정에는 겪어야 할 어려움이 따른다. 하지만 새로운 도전이 없다면 시장 선점의 기회도 잡을 수 없다.

● 공원식, 경상북도관광공사 초대사장

포스트 포항,
산업 다양화와
친기업도시로 길을 찾는다

2013년 9월 터키 이스탄불의 열기를 가득 담고 돌아오는 길, 김관용 도지사님과 나는 이상득 전 국회 부의장님을 찾아뵈었다. 지난 1년 2개월간의 어려움을 겪으신 때문인지 많이 여윈 모습이셨지만, 그분과의 대화를 통해 나는 지역을 사랑하는 정치인의 자세를 다시금 깨닫게 되었다.

이상득 전 국회 부의장님은 잠깐의 면회시간 동안 포항의 발전을 위한 정책과 사업에 대한 당부를 잊지 않았는데, 특히 그가 큰 힘을 쏟았던 동빈내항 개발사업에 LH공사가 참여해 주거환경을 조성함으로써 인근의 낙후된 송도·해도 지역이 다시 살아날 수 있도록 지사님께서 계속 힘써달라는 것, 그리고 블루벨리산업단지가 여성 일자리 증대에 기여할 수 있도록 노력해 달라는 것이었다.

공원식, 경상북도관광공사 초대사장

그 말씀을 들으며 나는 마음속 깊이 뜨거운 감동을 느꼈고, 김관용 도지사님께서도 메모를 하시면서 노 정치인의 지역에 대한 남다른 애정에 크게 감동을 받으신 것 같았다.

포항의 토박이로서 내가 생각하는 가장 중요한 '포스트(Post) 포항 비전'은 바로 제철 중심의 산업 지도를 바꿔 산업의 다양화를 이루는 것이다.

포항은 1970년대 포항종합제철, 지금의 포스코를 중심으로 한 철강산업의 대표적 도시로 성장해왔다. 그러나 현재 포항의 경제는 큰 어려움을 맞고 있다. 글로벌 경기는 침체의 늪에 빠져있고, 세계 철강경기의 불황으로 포스코는 물론 철강관리공단 내 300여 기업체들이 불황의 기운을 피부로 느끼고 있다. 철강산업 의존도가 높은 포항의 경제가 흔들릴 수밖에 없다.

그러면 앞으로 글로벌 경기가 나아지면 괜찮을 것인가. 이미 라이벌 중국의 철강 생산량은 한국의 10배를 넘는 수준으로 성장했다. 그나마 앞선 철강기술로 지금까지 중국의 물량 공세를 버텨낼 수 있었지만 앞으로 5년 후엔 그 격차가 무의미해지고, 10년 후엔 한·중·일 3국의 기술격차가 완전 소멸할 것이라고 한다.

현재 동아시아 철강시장의 분업구조가 사라지고 동일 가격의 동일 시장에서 경쟁을 하게 된다면 결국 누가 더 싼 가격의 제품을 내놓고 오래 버틸 것인가의 싸움으로 변화할 것이고 철강업계는 지금보다 더 어려운 환경에 놓이게 될 것이다.

● 공원식, 경상북도관광공사 초대사장

철강산업이 우리나라 제조업 매출의 16%를 차지하는 만큼 철강업계의 부단한 노력과 국가정책적 지원이 있겠지만, 철강산업 의존도가 높은 포항은 우리의 미래를 적극적으로 대비해야 하며, 그 대안으로서 산업의 다양화를 이뤄나가야 한다.

포항은 지난 2009년 영일만의 신항만 1차 준공식을 기점으로 대규모 컨테이너를 선적할 수 있는 국제적 수준의 항구도시로 도약할 수 있게 되었다. 이에 따라 대구와 구미 등 주변 산업도시의 물류를 담당할 수 있을 뿐만 아니라 항만을 적극적으로 활용한 수출중심의 생산거점으로 변화할 수 있게 되었다.

또한 현재 건설 중인 300만 평 규모의 국가공단이 2016~2017년에 완공되고, 2014년 서울과 포항 간 KTX 직행을 비롯해 포항 울산 간 고속도로, 포항 삼척 간 고속도로, 그리고 영덕에서 안동, 상주로 이어지는 고속도로 등이 완료되면 포항은 새로운 수준의 산업 인프라를 보유한 도시가 될 것이다.

이는 포항의 산업지도를 바꿀 수 있는 절호의 기회이다. 이제 지역의 일꾼들은 포항에 어떤 산업을 유치할 것인가를 충분히 고민해야 한다.

먼저, 포항시와 관련 기업이 함께 노력해 기존 철강소재 생산에서 한 걸음 더 나아가 고부가가치 철강소재를 생산하는 구조로 빠르게 이동해야 한다. 또한 기존의 철강산업과 융합할 수 있는 자동차, 선박, 항공 등 부품가공 산업 클러스터 조성에 힘써야 하며 해양산업,

항만물류, 해양레저관광, 신소재, 정보통신산업 등으로 산업구조를 다양화할 필요가 있다.

하지만 다양한 산업의 유치와 육성을 위해서는 먼저 '기업하기 좋은 포항'이 되어야 한다. 즉 기업이 투자하기 좋은 여건을 만들어야 하는데, 그 과정은 단순하지 않다.

물류와 생산, 시장, 인력, 공장 부지 등은 물론이고 인재를 쉽게 구할 수 있어야 하며, 이를 위해 기술 인력을 배출하고 연구 등을 진행할 수 있는 산연(産硏) 시스템이 구축되어야 하기 때문이다.

포항은 앞서 기술한 대로 국내 최고 수준의 물류 인프라 및 수도권과 교통망도 갖추게 되었고 산업단지의 조성 등 산업 인프라를 갖추었으니 여기에 덧붙여 지자체는 기업의 애로점을 잘 파악해 이들이 원하는 실질적인 지원 시스템을 마련하는 데 주력해야 한다. 지역 기업의 해외 진출을 지원하고 시장을 개척하는 기구를 마련하는 것도 하나의 방법이 될 것이다. 또한 창업과 이전, 각종 검사와 의무 등의 행정적 규제를 개선해 나가야 한다.

그리고 나는 무엇보다 이 모든 과정은 '친환경적 산업도시'라는 큰 목표를 향해 가야 한다고 믿고 있다. 우리보다 앞서 산업도시로 명성을 날렸지만 결국 공해도시로 전락해 어려움을 겪었던 일본의 기타큐슈가 엄청난 자원과 노력을 투입해 녹색도시로 탈바꿈한 사례에서 보듯 도시의 발전은 결국 그 안에서 생활하는 시민의 삶의 질을 높이는 데 그 목적이 있기 때문이다.

● 공원식, 경상북도관광공사 초대사장

포항은 바다와 송도, 동빈내항, 형산강 등 환경도시로서 성장할 수 있는 자연조건을 갖춘 도시이다. 따라서 훗날 도시를 뒤덮은 콘크리트를 걷어내고 오염된 공기와 하천을 되살리기 위해 엄청난 세금을 쏟아 붓지 않기 위해서는 바로 지금 지자체의 일관된 정책이 필요하다. 산업과 환경의 조화가 이루어진 포항이야말로 우리가 미래 세대에 물려줄 포항의 모습이다.

중소기업 지원으로 지역경제 활성화와 여성 일자리 창출해야

경제가 어려워질수록 지역의 기업인, 특히 중소기업인들의 고통은 더욱 커진다. 포항도 예외는 아니다.

우리나라 기업의 99%, 고용의 88%를 담당할 만큼 중소기업은 국가 경제에 중요한 역할을 담당하고 있으며, 지역경제에 미치는 영향도 무척 크다. 세계 경제 선진국들이 모두 경제적 어려움을 겪는 중에도 비교적 안정을 유지하고 있는 독일의 경우 중소기업 300만 개 중 중견기업이 10만 개에 이르고 이 중 약 1,600개의 히든 챔피언(Hidden Champion) 기업을 보유하고 있다. 히든 챔피언이란 대중에게 잘 알려져 있지 않지만 각 분야의 세계시장을 지배하는 우량 기업을 말한다. 우리나라의 중소기업 비중은 독일과 크게 차이가 나지 않지만, 수출 매출액 비중은 독일이 20.9%, 우리나라가 12.3%로 큰 차이를 보이며,

● 공원식, 경상북도관광공사 초대사장

히든 챔피언 기업도 독일에 크게 못 미친다.

이 때문에 정부도 중소기업을 육성하고 지원하기 위한 다양한 정책을 내놓고 있지만, 실제로 현장의 중소기업인들을 만나면 여전히 고개를 설레설레 젓곤 한다. 이는 단지 중소기업을 지원하는 정책만으로는 해결하기 어려운 문제들, 즉 대기업과 상생협력, 경영지원, 인력부족 등의 문제가 함께 연계되어 있기 때문일 것이다.

그럼에도 불구하고 지역경제의 허리를 보다 든든하게 지지하기 위해서는 중소기업 지원이 필수적이다. 특히 철강 위주의 산업구조를 갖고 있는 포항의 경우 중소기업 지원을 위해 지자체가 발 벗고 나서야 한다.

지자체의 중소기업 지원책은 아무래도 정부 차원의 지원책과 차이가 있을 수밖에 없다. 법적 지원과 대규모 경제적 지원이 그렇다. 그러나 중소기업이 필요로 하는 기술적 지원, 즉 포항의 대학 및 연구기관과 중소기업의 적극적 연계, 경영지원, 판로지원 등은 포항의 행정력으로 집중할 수 있을 것이다.

지역의 중소기업 육성과 유치를 통해 기대할 수 있는 효과 중 하나는 바로 여성 일자리 창출이다. 이는 중소기업이 여성만을 고용하기 때문이 아니라, 상대적으로 여성 인력을 많이 고용하는 특징이 있기 때문이다.

포항은 전형적인 남성중심의 경제활동이 이뤄지는 도시이다. 나는 포항이 인구 53만 명의 규모를 넘어 70~80만 명의 도시로 발전하기 위한 동력을 여성의 경제활동 참여를 통해 찾을 수 있다고 생각한다.

지역의 한 정책연구소의 발표에 따르면 포항의 여성 인구는 2010년을 기준으로 지난 10년간 꾸준히 증가했지만, 취업률은 오히려 감소해 포항 전체 경제활동인구의 35.8% 수준에 머물러 있고, 이는 전국 대비 하위수준이라고 한다.

남성 혼자 책임지는 경제구조로 가계소득을 크게 끌어올리기는 무척 어렵다. 게다가 여성 인력의 적극적인 활용은 중소기업의 인력난 해소와도 밀접한 관련이 있다는 점을 고려할 때 여성의 일자리 확보는 지역경제의 성장에 매우 중요한 요소이다.

때문에 여성 인력을 많이 고용하는 전자산업을 전략적으로 유치한다거나, 결혼한 여성들의 출퇴근을 배려하는 산업단지의 인프라를 구축하는 등 창의적 정책의 기획이 요구된다.

공공보육에 대한 투자 또한 지속적으로 추진되어야 한다. 이미 많은 연구조사에서 밝혀졌듯이 여성 경제활동의 장애요인은 바로 출산과 사회적 보육서비스의 부재이다. 많은 지자체가 어려운 예산 사정에도 불구하고 공공보육지원 사업을 추진해 나가는 것은 바로 여성의 경제활동 참여와 저출산 해소라는 당면한 문제를 해결해야 하기 때문이다.

여성들이 경력단절로 인한 공백을 극복할 수 있도록 직업훈련 및 취업알선을 담당할 취업전문센터의 운영은 물론이고, 창업 및 사회적 기

경산지식산업지구 성공 추진을 위한 상호협력 협약체결

업의 참여를 지원하는 제도의 마련도 서둘러야 한다. 물론 이와 함께 공공보육의 지원을 비롯해 사립유치원의 지원도 확대할 필요가 있다.

여성의 경제활동 참여는 이처럼 사회적 인프라뿐만 아니라 기업의 인식변화, 예산의 확보라는 숙제를 함께 풀어나가야 하는 어려운 과제이다. 따라서 중앙정부 및 지역 국회의원과 긴밀한 협조가 필요하다. 그리고 무엇보다 이 모든 과정에는 포항 시민들의 목소리가 반영되어야 한다.

'이청득심(以聽得心).' 나는 사람의 마음을 얻는 최고의 지혜는 귀를 기울여 경청하는 것임을 오랜 세월 경험을 통해 체득해왔다.

포항의 미래비전을 현실로 바꿔나가는 길은 결코 쉽지 않을 것이다. 귀를 열고 목표를 잃지 않는 것, 이것이 바로 성실한 지역의 일꾼이 갖춰야 할 자세임을 나는 다시 한 번 되새겨본다.

지방 균형 발전,
인재 양성이 첫걸음이다

옛말에 '사람은 서울로 보내고, 말은 제주도로 보내라'는 말이 있다. 능력이 있든 없든 무조건 서울에 가야 성공한다는 얘기인데, 세월이 많이 흘렀어도 지역에서는 이 말이 아직 상식으로 통용된다.

좋은 학교, 괜찮은 일자리가 대부분 수도권에 집중되어 있으니 어쩔 수 없다고 자위하지만, 지역민들의 이유 있는 박탈감은 생각보다 깊고 지역의 산업체는 반복되는 인재난에 시달리고 있다.

수도권과 지역, 그리고 지역 내에서도 시·군간 격차는 반드시 해결되어야 하는 시급한 문제이고 바로 이런 문제점을 해결하기 위해 정부도 지역발전위원회를 대통령 직속기구로 두고 있다. 하지만 지역 균형 발전이라는 주제를 정부의 몫으로만 두고 지자체가 두 손 놓고

● 공원식, 경상북도관광공사 초대사장

있을 수는 없다.

　나는 지역 균형 발전의 첫 번째 전략으로 교육, 즉 인재 양성에서 해법을 찾아야 한다고 믿는다. 지역의 산업계에서 필요로 하는 인재를 그 지역의 교육기관에서 배출하는 구조를 갖추는 것은 무척 중요하다. 산업체가 필요로 하는 인재를 원활하게 확보할 수 없는 상황에서 어떻게 양질의 우수한 기업체를 포항으로 유치할 수 있겠는가. 대기업들이 수도권에 집중 투자를 하는 이유도 바로 인재확보를 위한 선택이다. 인재는 기업의 투자를 용이하게 하는 중요한 조건이다.

　실제로 미국의 애리조나(Arizona)주 피닉스(Phoenix)시는 바로 '인재 양성 정책'을 통해 첨단산업의 도시로 변화하는 데 성공했다. 주변에 변변한 산업시설 하나 없던 사막 한가운데 자리한 도시 피닉스를 키우기 위해 주 정부는 애리조나주립대학의 생명공학분야에 집중 투자했다. 그 결과 애리조나주립대학에서 생명공학을 공부한 우수한 인력을 필요로 하는 생명공학 회사들이 속속 몰려들면서 피닉스는 이제 세계적인 생명공학 산업도시로 이름을 알리게 되었다. 결국 이 대학을 졸업한 인재들이 다시 지역발전에 기여하는 핵심동력이 되었고, 피닉스시는 15년 전보다 150만 명의 인구가 증가해 현재 인구 350만 명의 미국 남부를 대표하는 주요 산업도시로 입지를 굳힐 수 있었다.

　포항의 경우 다행히도 이미 국내 최고 수준의 이공계 인재를 양성하는 포항공과대학교가 있고 생명공학연구센터, 포항가속기연구소, 포항산업과학연구원 등 인적 자원을 보유하고 있다. 하지만 이를 바탕으로 인재들이 포항을 찾고, 더불어 이들 인재를 쫓아 기업이 찾는 도시로 변화하기 위한 소위 '맞춤형 신사업' 육성 및 유치라는 숙제는 여전히 남아있다.

연구개발 특구 조성 및 개발 활성화, 개발기술의 상용화를 위한 산·학·연 협동체계를 구축, 창의적 벤처특화단지 조성 등 구체적 정책을 고민해야 하며, 이는 지자체와 기업, 학계가 모두 머리를 맞대고 함께 논의하고 추진해 나가야 할 일이다. 포항시는 이와 같은 지역의 강한 의지를 바탕으로 중앙정부의 적극적인 지원을 이끌어내기 위한 노력을 반드시 수행해야 한다.

포항 안의 균형 발전 또한 해결해야 할 문제이다. 도농 간, 남북 간 불균형으로 인한 내재된 갈등을 해소하기 위해 시는 장기적 계획을 바탕으로 시민들과 소통해 나가야 한다. 뒤처진 지역의 교통 재정비, 교육기반 확충, 대형병원 유치 등을 통한 의료 서비스 개선을 비롯해 낙후된 주거환경 개선을 위한 서민아파트 유치는 당면한 문제이다. 또한 지속가능한 포항시를 만들어 나가기 위한 환경개선 사업, 예를 들어 영일만 내항 해양생태계 보호대책, 포항 도심의 주차난 해소, 형산강 주변 지역의 체계적 정비 등도 차근차근 추진해 나가야 한다.

또한 상대적으로 더 큰 어려움에 처해있는 농어촌 주민을 지원할 수 있는 다양한 정책 개발도 힘써야 한다. 그리고 이 모든 행정을 담당할 공무원의 전문화를 위해 지자체는 끊임없는 개혁과 변화를 위한

지역 균형 발전의 첫 번째 전략으로 교육, 즉 인재 양성에서 해법을 찾아야 한다.

도전을 멈추지 말아야 한다.

수도권의 변방으로 남지 않고, 포항의 강점을 살려 미래형 산업도시로 재도약하기 위한 전략과 포항 시민들이 골고루 잘 살 수 있는 사회를 이뤄나갈 수 있는 섬세한 정책을 지속적으로 추진해 나가겠다는 의지가 그 어느 때보다 필요한 시점이다.

문화콘텐츠 도시
포항을 꿈꾸자

2013년 여름, 포항의 밤은 그 어느 때보다 화려하고 뜨거웠다. 올해로 꼭 10주년을 맞는 '포항국제불빛축제'는 이제 명실공히 포항의 대표적인 관광콘텐츠가 되었다. 형산강체육공원과 영일대 해수욕장의 밤하늘은 축제가 펼쳐지는 열흘 동안 형형색색 불꽃으로 물들었고, 이 기간에 포항 시민은 물론이고, 전국에서 관광객이 포항을 찾았다. 그리고 그 결과 '포항국제불빛축제'의 지역경제 파급효과는 무려 723억여 원, 총 생산유발 효과는 1,201억 원에 이른다고 한다.

잘 기획된 지역의 문화관광 콘텐츠는 이처럼 경제적 효과뿐만 아니라 중공업 중심도시 포항의 이미지를 바꾸고 지역 브랜드를 홍보하는 무형의 성과를 남기게 된다.

● 공원식, 경상북도관광공사 초대사장

나는 포항의 자랑이 된 '포항국제불빛축제'의 탄생에 기여를 한 당사자로서 현재 탄탄하게 자리를 잡은 이 국제행사를 바라보는 마음이 무척 남다르다.

10년 전 포항시의회 의장으로 재임 중 나는 시민을 위한 문화행사가 필요하다는 생각에 포항시에 행사를 제안하게 되었고, 여러 사람의 공감 속에서 '포항국제불빛축제'가 처음 탄생하게 되었기 때문이다.

물론 다른 지자체에서도 '불빛'을 주제로 한 행사가 없었던 것은 아니지만, 포항이야말로 '불빛'과 가장 밀접하게 인연이 있는 도시이다.

역사적으로는 신라시대 연오랑과 세오녀의 설화가 탄생한 곳이 바로 포항이다. 신라 제8대 아달라왕 4년(157년) 포항에 살던 연오(延烏)와 세오(細烏)가 일본으로 건너가자 해와 달이 빛을 잃었다가 세오가 짜서 보낸 비단으로 제사를 지내 빛을 회복한 설화는 포항과 빛의 인연을 설명하기 충분하다. 게다가 자연적으로는 우리나라에서 연중 가장 먼저 해가 뜨는 곳이 바로 호미곶이다. 산업적으로는 세계적 철강회사 포스코의 용광로가 1년 내내 뜨거운 열기를 뿜어내고 있으며, 꿈의 빛 공장 방사광 가속기가 바로 포항에 있다.

이런 역사, 자연, 산업적 배경을 바탕으로 2004년 처음 포스코의 협력을 받아 시작된 '뮤직불꽃쇼'는 단 하루 동안 약 30만 명의 관광객을 끌어모으며 성황을 이뤘고 2005년부터는 국제적인 축제로 발전해 지금까지 중국, 일본, 스웨덴, 프랑스, 포르투갈, 러시아, 폴란드, 캐나

공원식, 경상북도관광공사 초대사장

다, 이탈리아 등 세계의 여러 국가들이 불꽃경연에 참여하며 지속적으로 성장해 현재의 모습을 갖추게 되었다.

그러나 이 축제가 10년의 역사를 바탕으로 포항뿐만 아니라 대한민국을 대표하는 국제행사로 발돋움하기 위해서는 콘텐츠의 다양화, 관광객 유치를 증대할 수 있는 마케팅, 그리고 포항 시민의 참여도를 높일 수 있는 행정력이 필요하다.

나는 지역의 경제를 살리는 문화콘텐츠 개발의 가장 중요한 배경은 그 지역, 도시의 역사와 문화를 고유한 브랜드로 만드는 문화행정이라고 생각한다.

올해에만 전국 지자체에서 752개의 축제를 공식적으로 개최했고, 작은 규모의 축제들까지 모두 포함하면 연간 2,400여 개의 축제가 열린다고 하니 대한민국은 축제공화국이라고 해도 과언이 아니다.

하지만 이들 중 지역의 경제발전으로 이어지는 축제보다는 오히려 예산만 낭비되는 경우가 대부분인데 그 이유는 바로 지방 문화행정의 부재, 그리고 지역 나름대로의 문화를 담지 못함으로써 개성 없는 이벤트에 머물기 때문이다.

축제문화의 본고장이라고 할 수 있는 유럽의 경우 조그만 마을 축제가 전 세계 관광객을 불러 모으는 문화상품으로 성장해, 지역경제를 부흥시키는 첨병 역할을 해내는 성공 사례가 많다. 가장 널리 알려진 축제 영국 에든버러국제페스티벌(Edinburgh International Festival)은

● 공원식, 경상북도관광공사 초대사장

매년 1,200만 명이 넘는 관광객을 유치하고 있다고 한다.

그 성공 요인을 분석해보면 엄격한 심사를 통해 매년 수준 높은 공연을 선보인다는 점을 꼽을 수 있다. 주요 콘텐츠의 질을 지속적으로 유지함으로써 '볼거리가 없다'거나 '먹고 마시다 돌아오는 축제'로 전락하지 않도록 철저한 관리가 이뤄지고 있다.

그런가 하면 축제기간 동안 군악제, 프린지 축제 등 다른 축제가 함께 열리도록 연계함으로써 한 축제에 참여한 관객이 자연스럽게 다른 축제에도 참여하는 시너지 효과를 거두고 있다. 또한 작은 도시 에든버러의 강점인 아름다운 문화유산, 에든버러 성을 중심으로 행사장을 배치하고, 유럽의 방학과 휴가기간을 고려해 축제기간을 정하는 마케팅을 펼치고 있다. 그리고 무엇보다 지역주민의 참여도가 높다. 공연 관객의 30%가 에든버러 주민일 뿐만 아니라 이들은 축제기간에 자신들의 영업공간과 편의시설을 공연장으로 바꾸는 데 동참한다고 하니, 이와 같은 어우름을 만들어내는 시의 행정력이 놀라울 뿐이다.

그렇다면 중공업의 상징, 철강의 도시 포항도 문화산업의 중심도시로 재탄생할 수 있을까. 나는 충분한 가능성이 있다고 믿는다.

먼저 개성 있는 문화예술 콘텐츠의 개발에 주력해야 한다. '남들이 해보니 좋다더라'는 방식의 축제는 지역의 문화산업을 죽이는 지름길이다. 포항의 역사를 바탕으로 지역의 문화예술을 발굴하고, 자연자원을 활용해 다른 곳과 다른 차별성을 부각해야 한다.

축제 하나로 연간 27조 원의 경제적 효과를 거두고 있는 인구 45만 명의 영국 도시 에든버러, '토마토 축제'로 4만 명의 관광객을 유치하고 있는 인구 1만 명의 스페인 도시 발렌시아의 성공은 바로 지역의 역사와 문화를 '브랜드'로 만들어 차별성을 확보했기에 가능했다.

또한 지금부터라도 포항의 문화산업을 이끌어갈 인재를 확보하는 데 힘써야 한다. 지역의 대학 및 연구기관과 문화산업체, 문화예술계가 긴밀하게 네트워크를 구축하도록 행정적 지원을 해나가고, 이를 위해 상대적으로 문화산업이 발달한 수도권 및 타 지역과 연계해 나가야 한다.

그리고 무엇보다 이와 같은 문화산업 정책을 담당할 문화행정력을 강화해야 한다. 문화행정이란 문화산업을 이해하는 전문지식이 바탕이 되어야 하는 만큼 전문직으로서의 문화행정 담당 공무원을 육성하거나 외부에서 임용하는 등 창의적인 제도를 도입할 필요가 있다. 더불어 연령을 초월해 향유할 수 있는 교육과 프로그램도 개발해 나가야 한다.

포항은 역사와 문화적으로 풍부한 이야깃거리를 갖고 있으며, 길고 아름다운 해변을 비롯해 그리스 산토리니 섬과 견주어도 손색이 없는 울릉도와 독도 등 천혜의 자연자원이 있다. 이 모든 자원을 활용할 수 있는 포항은 미래 한국의 대표적인 문화도시로 재탄생할 수 있는 자질을 충분하게 갖추고 있으니 필요한 것은 꾸준한 노력과 확고한 실천뿐이라고 하겠다.

● 공원식, 경상북도관광공사 초대사장

> 내 의정활동 중 생긴 별명들
> '최다발언 의원', '보리 껄끌이', '송곳 질문' 등에는
> 의정활동 시절 내 모습이 고스란히 투영돼 있다.
> 2003년에는 전국지방자치경영대상 지방의회 부문에서
> 포항시의회가 '최우수 의회상'을 받았다.
> 전국 232개의 기초의회와 16개의 광역의회 등과 겨룬 가운데
> 당당히 1등을 차지하였다.

공원식,
포항시의회 의장

● 프롤로그

나의 정치의 뿌리, 포항시의회

　포항에서 나고 자란 내게는 작은 소망이 있다. 포항에서 배우고, 결혼하고, 일하다가 이곳 포항에서 편안한 노후를 맞이하는 것. 이 소원은 나뿐만 아니라 대부분 포항 시민들이 바라는 바일 것이다. 서울과 같은 큰 도시를 찾아가지 않아도 포항에서 충만한 삶을 누릴 수 있기를 희망할 것이다.

　포항은 인구 규모나 산업 특성과 지리적 입지로 봤을 때 환동해 중심도시로 부상할 수 있는 가능성이 크다. 중학교 3학년 때 서울로의 첫 가출을 감행한 뒤 귀향하며 희미하게 품었던 소망이 어느새 가능한 현실로 다가오고 있다.

　나는 포항의 비전을 품고 1995년 시의원 출사표를 던졌다. 젊은 40대 기수답게 '돈 안 쓰는 선거'로 자발적 선거운동의 새로운 획을 그었다. 시민의 기대에 부응하기 위해 천성적으로 타고난 성실함과 추진력으로 부지런히 뛰어다녔다. 내 의정활동 중 생긴 별명들 '최다 발언 의원', '보리 껄끄이', '송곳 질문' 등에는 의정활동 시절 내 모습이 고스란히 투영돼 있다. 관례를 깨고 실리를 택하며, 포항의 비전에 투자하고, 주민들의 다양한 요구에 부응하기 위해 일했다.

이후 나는 3선 시의원에 당선되는 영광을 안게 되었다. 그리고 3대 포항시의회 부의장을 거쳐 4대 포항시의회 의장과 경북시군의장협의회 회장, 전국시군구의장협의회 수석부회장이라는 중책까지 맡게 되었다. 그 결과 2003년 포항시의회는 전국지방자치경영대상 지방의회 부문에서 '최우수 의회상'을 받았다. 전국 232개의 기초의회와 16개의 광역의회가 겨룬 가운데 당당히 1등을 차지한 것이다.

10년이면 강산도 변한다고 했는데, 나는 10년여의 의정활동을 되돌아보는 페이지를 만들었다. 돌이켜보면 가장 순수하면서도 도전의식이 불타올랐던 때가 아닌가 싶다. 지역민들과 가까이서 삶의 현장을 지켜내고 더 나은 삶을 위해 낮과 밤의 구분 없이 분주하던 그때가 힘들었지만, 보람된 시절이기도 하다. 이번 기회를 빌려 하나, 둘 그 시절을 되돌아보고 다시금 열정을 불 지펴 올리고자 한다.

내 고향
포항의 정치를
꿈꾸다

군 제대 후 공무원 시험을 준비하고 있을 무렵, 포항제철에서 신입사원을 뽑는다는 소식이 들려왔다. 당시 포항제철은 세계로 뻗어가는 일류기업이었고 그곳에 다니는 사람들은 회사 이름만으로도 무척 자랑스러워했다. 다행히 시험 과목이 전공을 빼고 나면 공무원 시험과 비슷했기에 나는 일류기업인 포항제철에 입사하기로 선회했다.

경쟁률은 17 대 1, 쉽게 합격할 수 있을 것 같지 않았다. 그러나 나름대로 열심히 준비한 터라 자신 있게 시험에 임했다. 그리고 며칠 뒤 반가운 전갈을 받았다. 합격 소식이었다. 나중에 알고 보니 30여 명이나 되는 동기생 중에 나 혼자만 합격의 단맛을 누렸다고 했다.

1977년 4월 7일, 나는 포항제철에 첫 출근을 했다. 당당하게 사회

진출권을 따낸 기쁨으로 보무도 당당히 포항제철의 문을 들어서는데, 세상을 다 얻은 기분이 들었고 이젠 우리 가족의 생계에 보탬을 줄 수 있겠구나 안도감도 들었다.

배치를 받은 부서는 냉연부. 두꺼운 강판을 잘게 만들어내는 냉연부에서 나는 온몸으로 최선을 다하며 내일을 일궈가기 시작했다. 일도 재미있는 데다가 보수도 비교적 높아서 하루하루 즐거웠다. 덕분에 내 형편도 조금씩 나아지기 시작했다.

하지만 회사에 들어가고, 돈을 벌면서 예전의 내 다짐은 희미하게 잊혀져갔다. 보통의 사람들처럼, 어릴 적 품었던 꿈과 열정은 현실 아래서 희미해졌다. 매달 따박따박 나오는 월급봉투를 받아들고 어머니와 형제들을 책임지는 의무를 기꺼이 받아들였다. 하지만 아주 가끔, 제철소에서 조업을 하다가도 흙내 섞인 바닷바람을 맞을 때면 나지막한 한숨이 흘러나왔다.

'여기에서 나는 평생을 이렇게 일하며 살 테지?'

그러면서 멍하니 공장 너머 어딘가로 시선을 뒀다. 말할 수 없는 답답함이었다. 그러나 '결국 운명은 제 주인을 찾아온다'던 누군가의 말처럼, 내게 생각지 못한 기회가 왔다. 포항제철 입사 5년 차 되던 해였다.

몇 해 전 작고하신 이성수 전 국회의원이 포항제철공고 동창회 간부들을 만나길 청했다. 이성수 의원은 포항제철공고 설립에 기여를 하신 분으로, 3선 개헌에 반대하다가 정치 생명이 끊어졌었다. 그러다 1981년에 정치 규제가 해금되면서 국회의원 선거를 준비하며 도움을

• 공원식, 포항시의회 의장

청해 왔다. 우리 동창회 간부들은 약간 놀랐다. 나는 남을 위해 봉사할 마음은 있었지만 아직 이르다 싶어 그 자리에서 가타부타 대답할 수 없었다. 그런데 며칠 뒤 그분은 나에게 단도직입적으로 제안을 해 오셨다.

"자네 나랑 같이 뛰어주지 않겠나? 자네처럼 리더십 있고 활달한 젊은이를 만나기는 쉽지 않아. 내 비서로 있으면서 정치 한번 배워보게. 난 자네를 내 후계자로 키워보고 싶네. 자네 같은 사람이 정치를 하면 잘할 거야."

뜻밖의 칭찬에 나는 얼굴이 화끈거렸다. 아무런 마음의 준비가 안 된 처지에서 그런 제의를 받고 보니 당황스러웠다. 며칠만 말미를 주십사 하고는 아내를 비롯한 주변 사람들과 상의했다. 의견은 반반이었다. 머릿속이 복잡했다. 그래도 사내로 태어나 새로운 세계를 열어볼 가치가 있다는 생각이 들었다. 더욱이 그 일이 내가 사는 지역과 나라에 유익한 일이라면 말이다.

이 제안을 계기로 나는 현실에 파묻혀 잊고 지낸 나 '공원식'을 깨달았다. 그건 내가 회사 생활을 하며 느꼈던 답답함의 실체이기도 했다. 나는 도전하고 치열하게 부딪히고 사람들과 함께 성취해내는, 역동적인 삶에 잘 어울리는 사람이다. 그러나 현실의 벽 앞에 난 있어야 할 자리에 있지 못했다. 더 이상 망설일 게 없었다.

결정은 시원스레 했지만 수행비서로 선거운동을 하기에 앞서 생활을 정리해야 했다. 1981년 나는 포항제철을 그만두었다. 가족들을 설득하고 가까스로 동의를 얻어냈다. 뒤돌아보지 않고 정치의 길을 걷기 위함이었다.

이성수 의원만큼이나 필사적으로 사력을 다해 뛰었다. 유권자들을 직접 만나고 소통의 장을 열어주는 건 무척 즐거운 일이었다. 지역 살림을 어떻게 챙겨야 하는지 몸으로 부딪히면서 배웠다. 단거리 주자처럼 숨 가쁘게 달린 결과 이성수 의원은 국회의원으로 당선돼 재기의 기쁨을 누렸다.

이성수 의원을 여의도 국회로 보내드리고 나는 포항에 남았다. 그러던 차에 이성수 의원이 다시 나를 불렀다. 선거운동을 하다가 퇴사를 했다는 오해도 있으니 회사를 다시 다니는 게 좋겠다는 말씀이셨다. 그리고 서울에 가서 다시 연락할 때까지 기다리라고 하셨다.

일순 서운한 마음이 들었지만 맞는 말이었다. 선거운동을 하며 그동안 가정 형편에 신경 쓰지 못했다. 가장으로서 안살림을 마냥 아내에게 맡겨둘 순 없는 노릇이다. 알짜배기 정치인으로 거듭나기 위해선 많은 경험과 시간이 필요할 거란 생각이 들었다.

포항제철에 다니다가 마침 포항제철 협력업체인 삼정강업의 간부직으로 직장을 옮기게 되었다. 가족들에게 보상하는 마음으로 열심히 일했다. 오랜만에 가져온 월급봉투를 아내는 기꺼워했다.

하지만 회사 일과 국회의원 사무실 업무를 함께 하는 게 쉽지 않았다. 어느 것이건 일에 대한 집중력은 높았지만 시간을 조율하는 게 늘 문제였다. 직장에 매인 몸이라 국회의원 사무실 일을 꼼꼼히 챙기기

포항향토청년회, 포항YMCA 등 지역 활동을
활발히 해나갔다.

가 어려웠다. 그래서 지인들과 함께 업무 기술과 노하우를 모아 삼진 기업을 세웠다. 작지만 건실하게 회사를 키우며 나는 포항향토청년회, 포항YMCA 등 차근차근 지역 활동을 해나갔다. 내 고향을 위한 봉사였지만 배움의 기회이기도 했다. 미래에 꿈을 두고, 매일 매일을 살며 현재를 채워나갔다.

돈 없이도
선거를
치를 수 있다

1989년 포항향토청년회에서 사무국장을 맡던 때다. 포항의 눈썹이랄 수 있는 송도 송림이 주민들의 반대에서 불구하고 매각될 처지에 놓였다. 송도 송림은 포항 시민의 소중한 자산인데 이것을 매각한다니 가만히 있을 수 없었다.

나는 청년회 회장단과 포항시를 찾아갔다. 당시 양종석 시장님께 송도 송림의 중요성을 설명하며 매각 계획 철회를 요구했다. 몇 번의 대화가 오간 끝에 우리는 감격스런 결과를 맞았다. 포항시가 1억 원의 예산을 편성해 송림에 더 많은 나무를 심기로 결정한 것이다.

일련의 과정을 거치며 상생과 공존이 문제를 해결할 수 있다는 걸 깨달았다. 어쩌면 포항의 크고 작은 많은 문제가 이런 과정을 거치지 못해 발생한 건 아닐까란 생각이 들었다. 그것들을 면밀히 살피며 바

● 공원식, 포항시의회 의장

로잡고 포항의 미래를 준비해야 한다는 소명 의식이 또렷해졌다. 또한 1992년 정치와 인연을 끊고 3년 동안 지역봉사단체에 몸담고 눈썹이 휘날리도록 뛰어다니는 동안 지역에 대한 애정도 더욱 깊어져감을 실감할 수 있었다.

마침내 1995년 6월. 나는 시의원에 도전하기로 결정했다. 공원식의 이름으로 첫 출사표를 던진 곳은 용흥1동. 포항시의 정치 1번지로 불리는 곳이었다. 그만큼 여러모로 어려운 선거였다. 시의원 2명을 선출하는 자리였지만 이미 1, 2위로 유력한 후보들이 있었다. 그중 한 분은 재선에 도전하는 유력한 후보였고 나머지 한 분은 공무원 출신으로 지역에 덕망 있는 분이었다.

여기에 반해 나는 한참 어린 42세의 풋내 나는 정치 새내기였다. 여론을 주도할 만한 조직력이나 막강한 경제력도 없었다. 오로지 고향 포항에 대한 사랑 그리고 젊은 기수로서의 비전과 정책이 있었을 뿐이다.

출마 결심을 굳히자 가족들을 비롯한 친지와 친구들이 모두 나의 선거에 집중적으로 도움을 주려고 뛰어다녔다. 무엇보다 중요한 것은 선거 비용이었다. 선거라는 것이 무일푼으로 시작할 수 없는 일인지라 자금에 대한 압박이 적지 않았다.

나와 아내는 매일같이 발이 부르트도록 주민들을 만나러 다니며 새벽 기도도 빠지지 않으려고 했다. 하루는 선거를 앞두고 간절히 기도를 드리고 있는데, 순간 머릿속에 '돈 안 쓰는 선거로 당선해보자'는 생각이 스쳐 지나갔다.

생각은 가지를 뻗어 자원봉사 제도를 이용해보자는 지혜가 생겼다. 1995년 당시만 해도 선거비용이 만만치 않았는데 우스갯소리로 선거 한 번 치르다가 기둥뿌리 뽑힌다는 말도 있었다. 나는 자원봉사자를 모집했고, 선거 캠프엔 연일 동문을 비롯한 많은 자원봉사자가 찾아왔다. 말뿐인 자원봉사자 제도가 아닌 진짜 돈 안 들이는, 제대로 된 자원봉사자 제도가 많은 유권자에게 좋은 인상을 심어주었나 보다.

자원봉사자분들은 이미 수년간 나와 함께 지역 봉사를 했거나 곁에서 가까이 지켜봐 왔었다. 시의원 후보 공원식은 낯선 사람이지만, 그분들께 공원식은 검증된 후보였다. 나는 그 마음 씀씀이에 내심 고마웠지만 염려도 들었다.

"그래도 다들 바쁘실 텐데 무보수로 저와 함께 선거운동을 해주실 수 있겠습니까?"

"걱정 마세요. 저희한테는 이게 바로 지역 봉사인 걸요."

나는 선거운동에 따로 사람을 쓰지 않고, 순수하게 자원봉사자들만으로 치르기로 했다.

자발적 선거운동 동참이라 그런지 우리 캠프 봉사자들은 확실히 눈에 띄었다. 단체로 조직된 선거운동원들과는 확연히 달랐다. 한결같이 환하게 웃으며 주민들에게 공원식을 알리고 있었다. 홍보 명함을 나눠주는 것뿐만 아니라 아는 주민들에게 일일이 공원식 후보가 무엇을 해왔으며 포항에 어떤 비전을 품고 있는지 설명했다. 그 모습은 주민들에게 친근하고 좋은 인상을 심어주었다. 유권자들도 우리 운동원

1995년 6월 나는 처음으로 시의원에 당선됐다.

들의 진정성을 느껴서인지 나는 기적처럼 1등으로 시의원에 당선됐다.

첫 번째 선거에서 자원봉사제도를 잘 활용한 덕분에 경비도 절감되었고 선거운동 문화에 새로운 한 획을 그은 셈이 되었다. 그리고 무엇보다 결과가 좋았다.

나보다 자원봉사자들의 기쁨이 훨씬 컸음은 물론이다. 그들에게 이번 선거는 그저 '아는 사람'을 도운 게 아니라 지역을 위해 일할 수 있는 사람을 정치인으로 입문시킨 것이기 때문이다.

신정치 1번지에서 당선된 40대 새내기 의원은 자원봉사자들과 함께 언론의 조명을 받았다. 한 지역 일간지에는 '돈 안 쓰는 선거의 본보기'란 기사로 우리 선거운동이 소개되기도 했다.

정도(正道)와 정도(程度)

정도(正道)는 말 그대로 바른길이다. 누구나 알고 있는 단어이긴 하지만 막상 현실에서 실현하기란 쉬운 일이 아니다. 공자와 맹자 같은 선인들이 누누이 정도를 강조한 것도 그것을 실현하는 어려움을 충분히 헤아렸기 때문일 것이다. 정도를 걷기 위해서는 곁눈질을 해서도, 타협을 해서도 안 된다. 분명한 목적성을 갖고 멀리 그 지점을 바라보며 한 걸음 한 걸음 가야 한다. 하지만 때로는 지름길로, 또는 더 편한 길로 가고 싶은 게 사람 심리다. 그래서 정도를 갈 때에는 종종 다른 사람들과의 충돌이나 자기 내면의 갈등이 뒤따른다.

의회는 시정을 감시하고, 쟁점 현안에 대해 치열하게 토론한다. 그래서 때로는 의원들 간에, 공무원들과의 충돌을 피할 수 없다. '좋은

● 공원식, 포항시의회 의장

게 좋은 거'라며 얼굴 붉히기 싫어 대충 넘기다 보면 자칫 문제를 더 키울 수도 있다. 특히 시의회 같은 공공의 영역에서는 결과적으론 주민들에게 더 큰 피해로 돌아온다.

국민들의 세금으로 선거가 치러지고, 국민에게 복무하기 위해 의회가 있다. 내 시간과 노력을 허투루 쓸 수 없으며, 공무원들과 그저 웃으며 화합할 수 없는 이유다. 특히나 행정편의주의에서 발생한 문제라면 작은 사안이라도 너그럽게 넘길 수가 없다.

시의원 시절, 불법 주정차 차량 단속문제에 대한 발언이 있었다. 시는 불법 주정차 차량을 단속하기 위해 주요 간선도로를 중심으로 매일 단속을 하고 있었지만 단속 방법이 비효율적이고 비합리적이었다.

나는 며칠 동안 주정차 단속현장에 나가서 살펴보고 시간대별 단속 건수 자료를 분석했다. 그런데 이상한 점이 포착됐다. 정작 단속이 필요한 출퇴근 시간에는 적발 건수가 미비했다. 대신 불법 주정차로 적발된 건수가 오전 10시부터 오후 5시까지 집중돼 있었다.

담당 공무원이 참석한 가운데 시의회가 열렸다. 의회에 출석한 담당 공무원은 그간의 불법주정차 단속 자료들을 잔뜩 싸들고 왔다.

"주정차 단속은 꾸준히 진행되고 있습니다. 교통체증 유발 지정 구간마다······."

"잠시만요!"

내가 말을 끊었다.

"불법 주정차 차량 단속은 오전 10시, 오후 2시, 오후 5시대가 가장 많습니다. 그런데 출근 시간대는 단 한 건도 없고 퇴근 시간대는 건수가 미비했습니다. 이는 단속을 담당하는 공익요원이 출근한 뒤 집중 단속하고 퇴근 전에 집중 단속한다는 이야기밖에 더 됩니까? 이건 단속이 원활하게 이뤄진 것이 아니라 실적 위주로 이루어졌음을 의미합니다. 시는 이 점에 대해서 어떻게 생각하십니까?"

날카로운 지적에 담당 공무원은 제대로 대답을 하지 못하고 당황했다.

나의 이런 의정활동은 기자들에게까지 소문이 나서 '송곳 질의, 눈에 띄네……공원식 포항시의원 사무 감사서 맹활약'이란 제목으로 기사화되기도 했다. 그러면서 내 별명은 '송곳 질문'이 됐다. 의회에 출두하게 된 사람이 지인을 통해 내게 연락을 미리 넣을 정도였다. "부드럽게, 살살 해달라"는 주문이었다.

그러나 나는 딱 잘라 말했다. 열심히 해왔으면 그에 상응하는 격려를 받는 게 당연하고, 잘못한 게 있다면 비판을 받는 것이 마땅하다고 생각하기 때문이다. 의정활동에 있어서 '송곳 질문'은 피해서도 안 되며, 피할 수도 없다.

그런데 여기에 별명이 하나 더 붙었다. '보리껄끌이'이다. 보리껄끌이는 나의 직설적인 화법을 빗댄 별명이다. 1997년부터 포항시의회는 주민들에게 의정활동을 생방송으로 중계하고 있었다. 시의회가 어떻게 돌아가고 있으며, 최근 이슈가 무엇인지를 주민들에게 가감 없이 전달하자는 내 제안에서 비롯됐다. 이를 통해 주민들의 알 권리를 충족시키고, 의원들 역시 카메라 너머로 지켜보는 주민들을 의식해 더욱 열심히 뛸 거란 생각에서였다. 시청률도 꽤 좋은 편이었는데 TV에서 내가 공무원들을 상대하는 모습이 유독 눈에 띄었나 보다. 내가 질문하면 공무원들이 답변을 못 하고 어려워하는 게 고스란히 전달됐다. 그 상황이 보리가 입안에 들어와 껄끄러운 것처럼 보였는지 난 '보리껄끌이'란 별명을 얻게 됐다.

물론 나도 그런 별명이 마냥 좋지만은 않다. 그렇지만 옳지 않은 것을 두루뭉술하게 봐줄 수는 없는 일이다.

국회의원과 달리 지방의회 의원들에겐 보좌관이 따로 없다. 때문에 시의회의 안건과 발언 자료를 스스로 챙겨야 한다. 게으르면 시의회 의원을 할 수 없다는 말도 그래서 나온 듯하다.

나 역시도 하루에 5종의 신문을 보며 쌀에서 뉘를 고르듯 한다. 담당 기관이 자료 제출에 소홀하면 직접 찾아가는 건 물론이다. 문제가 된 현장으로 뛰어가 조사를 하고 생생한 이야기를 들으며 의견을 수렴한다.

모든 발언 자료를 스스로 챙겨야 하기에 밤새 내일 어떤 발언을 할까 고민하고, 그에 대한 준비를 철저히 한다. 시에서 건네준 자료를 면밀히 검토하는 것도 빼놓지 않는다. 때문에 밤 12시에 들어가 새벽까지 일하는 경우도 허다하다. 하지만 이로 인해 때때로 상대를 난감하게 만드는 경우도 있다.

지역 현안 포항 MBC 100분 토론

한번은 본회의장에서 의회가 한참 열리고 있는데 모 간부가 전화를 받으며 회의장 중앙 통로로 당당히 걸어나갔다. 순간 내 눈을 의심했다. 중앙통로는 공식 발표를 하러 단상에 오를 때나 의회에 온 손님을 모시는 자리다. 난 의원들의 권위주의는 고쳐야 한다고 생각하지만 의회는 존중받아야 한다고 생각한다. 의원들 한 분 한 분이 대단한 존재라는 것이 아니라 그들 뒤에는 투표한 주민들이 있기 때문이다.

그 공무원은 통화를 마치곤 다시 중앙통로로 걸어 들어왔다. 나는 버럭 소리쳤다.

"지금 어디로 다니는 겁니까! 의회를 어떻게 보시는 거예요?"

모든 이들의 시선이 그분에게 집중됐다. 공무원은 놀라 그 자리에서 목석처럼 굳어졌다. 무심결에 한 행동으로 이런 자리에서 공개적으로 질타를 받을 거라곤 상상도 못 했을 테니 말이다.

의회가 끝나고 나는 그분에게 뒤늦게나마 사과하고 싶었다. 그러나 그분은 의회가 끝나자마자 자리를 뜬 뒤였다.

그땐 시의원으로서 감시 및 견제 기능을 최고로 생각하며 충실히 하려 했던 것인데 이제 와서 생각해보니 관계 공무원에게 미안하다. 지금껏 나는 상식의 선에서 모든 것을 판단했고 주민의 입장에서 판단하려고 했기 때문에 옳고 그름을 확실하게 해둔 것뿐, 사사로운 감정 같은 건 없었다. 후에 나는 정무부지사 시절 집행부로 활동하며 공무원의 입장을 이해하게 됐고 서로의 의견을 존중하는 법을 배웠다. 그러면서 정도(正道)와 또 다른 정도(程度)를 함께 생각하게 됐다. 지나치지 않게, 알맞은 만큼이 무엇인지 되새겨 본다.

내가 공무원을 비판했던 건 그 일의 책임에 대한 것일 뿐, 인격을 비판한 건 절대 아니다. 하지만 때론 정도(正道)를 걷는 진중한 걸음 때문에 너무 많은 무게가 실리는 게 아닌가 싶다. 나로 인해 상처를 받았던 분들께는 이 책의 지면을 빌어 진심으로 사과를 전한다.

각자 역할은 다르지만 그분들 역시 국민과 나라를 위해 애쓰고 있다. 그런 면에서 보자면 우리 모두는 같은 정도(正道)의 길을 가는 사람들이다. 기회가 주어진다면 다시 한 번 그들에게 깊이 사과하고 정책과 비전을 함께 나누고 싶다.

예산,
아끼고 또 아껴라

발상이란 어떤 생각을 해내는 것을 말한다. 그건 곧 지금까지와는 다른 차원의 생각이다. 이걸 현실에서 잘 이뤄내면 물길을 내듯이 새로운 결과를 만들어낸다. 하지만 경험에 비춰볼 때 발상은 하늘에서 뚝 떨어지는 행운 같은 게 아니다. 그것에 대단히 집중하고 늘 염두에 두고 있을 때에 탄생한다. 내게는 시민이 내는 혈세 곧 시의회 예산이 그렇다.

1999년 말, 나는 포항시의회 조례정비특위의원장을 맡게 됐다. 조례정비특위는 시민에게 불편을 주는 규칙과 조례를 정비하는 의회 내 임시 기구로, 크고 작은 불편 사항을 찾아내 개선하는 임무가 있었다.

위원장을 맡은 나는 여러 가지 사안을 갖고 회의를 열었다. 관련 보고서와 서류들을 회의 테이블에 가득 쌓아두고 하나씩 점검하며 살펴 나갔다. 문득 회의 테이블 위에 산더미처럼 쌓여 있는 보고서에 시선이 갔다.

'저 많은 종이가 회의를 마치면 무용지물이 되는데, 우리도 회의 방법을 바꿔야 하지 않나? 지금 다들 컴퓨터를 사용하고 있는데……'

그리고 난 당장 조례특위의 첫 번째 목표를 정했다.

"이제부터 우리는 종이 없는 회의를 진행합니다."

2000년 1월 4일, 첫 회의가 열렸다. 회의장에 들어선 위원들 얼굴엔 반가운 미소와 경직된 표정이 교차했다. '종이 없는 회의'를 하게 된 것이다. 사실 그 같은 시도는 전국 시의회 가운데 처음 있는 일로, 나에게도 모험이었다. 첫 스타트가 중요하기 때문에 만반의 준비를 했다.

대형 프로젝트 영사기를 가운데 놓고, 회의 자료가 산더미처럼 쌓여 있던 위원들 자리에 컴퓨터를 설치했다. 직원의 도움을 받아 회의 중간중간 친절하게 모니터 회의를 안내했다. 낯선 분위기도 잠시, 첫 조례특위 회의는 예전 회의 때와는 달리 놀라운 속도로 진행됐다. 기기를 이용해 포항시 조례 162건을 포함해 전국 234개 자치법규와 조례안을 실시간으로 검색할 수 있었다. 뿐만 아니라 각 자치단체에 인터넷을 통해 접촉하며 자료수집 등의 절차가 매우 간단해졌다. 수만 장의 종이와 필기도구가 필요 없게 되어 시간과 경비를 절감할 수 있었다.

이는 속도의 변화를 의미했다. 불과 4년 전인 1996년 조례정비특위

때를 살펴보면 회의를 통해 일을 처리하려면 각 자치단체에 협조 공문을 보내고 다시 우편으로 자료를 받기까지 3개월이 걸렸다. 하지만 이 특위에서는 인터넷을 이용해 늦어도 2~3일 내에 자료를 받아볼 수 있었다.

조례정비특위는 언론의 집중 조명을 받으며 성공적으로 활동을 마쳤다. 그때 일부 사람들은 "회의 종이까지 아끼냐?"며 수군대기도 했다. 하지만 누구도 내게 대놓고 말하지 못한 데엔 이유가 있었다. 종이 절약은 아주 작은 시도였을 뿐, 예산 절감을 위해서라면 공원식 의원은 뜨거운 감자도 쥔다는 걸 알기 때문이었다.

1995년은 내가 처음으로 의회에 입성한 해이면서 동시에 포항시의 역사적인 해였다. 영일군을 포항시로 통합하는 큰 행정 개편이 이뤄졌다. 이는 많은 부분에 이점을 가져다줬지만 후유증도 있었다.

당시 시와 군이 합치면서 남·북구청이 신설되었다. 구청이 신설되니 포항시가 아닌 다른 지역의 공무원들이 우리 시로 넘어왔고 200여 명의 잉여인력인 공무원들이 생겼다. 시의원들은 이렇게 남은 인력들의 감축이 불가피하다고 여겼고 시에서는 그럴 수 없다고 의견이 충돌했다.

지리한 공방이 계속되던 1996년 5월 29일, 나는 총무재무위 간사로서 공무원 감축은 하지 않고 구청을 폐지하겠다는 의견에 문제점을 제기했다. 그리하여 공무원 감축 문제를 쟁점화했다. 이 문제는 시 공무원들의 반대로 긴 공방이 이어졌다.

그 끝에 중앙정부가 내무공무원 20% 감축 방안을 발표하면서 내 주장에 멍석을 깔아주었다. 일이 이렇게 되자 포항시 400여 명의 공무원이 퇴직하였고 공무원 감축에 관한 문제는 매듭지을 수 있었다.

돌이켜보면 선견지명이 있었던 것 같다. 정부보다 먼저 '공무원 감축' 발상을 하고 그것을 실행하려고 애썼으니 말이다. 물론 그만둔 공무원들에게는 미안한 일이다. 도의적으로는 미안하지만 불필요하게 국민의 부담이 늘어나게 된다면 대의적으로 볼 때 감축은 불가피한 일이라고 생각한다. 굳이 선거를 통해 시의원을 선출하는 이유가 거기에 있는 것이 아닐까?

공무원 감축 문제는 의견의 양극화가 심했기 때문에 뜨거운 감자였다. 그런 문제의 최일선에 내가 있었으니 '최다 발언 의원'이란 호칭으로 불리기도 했다.

이런 나에게 포항시의회 예산결산특별위원회 위원장직이 돌아왔다. 2000년 3회 추경예산과 2001년 예산만 합해도 5천억 원이 넘는 제법 큰살림이었다. 밤새도록 자료를 보고 예산이 어디에 어떻게 쓰여야 적절한가를 꼼꼼히 되짚었다. 가만 들여다보니 허투루 쓰이는 지출 항목이 눈에 보이기 시작했다. 특히 시 홍보나 행사의 일환으로 사용되는 방송 홍보비, 축전 행사비 등의 예산은 과감히 삭감했다.

나는 포항시 예산이 가급적 우리 포항을 키울 수 있는 미래 지향적 사업에 투자되길 바랐다. 그래서 사업의 우선순위에 따른 투자 효율성을 재검토하고, 과잉 투자되는 곳은 없는지, 미래 투자에 대비한 전

제4대 시의원 최다득표 당선

략적 재정 운영을 하도록 했다. 그러려면 최우선으로 낭비되는 예산을 찾아내 줄여야만 했다.

포항의 미래를 위한 사업을 중요시했지만 그렇다고 내가 야박한 자린고비였던 건 아니다. 내가 노인독감예방주사 무료 실시를 제안했을 때 주변 의원들은 의외라는 반응을 보이며 시큰둥했다.

"공 의원, 노인분들 신경 써 드리는 거야 좋은데……이건 미래지향 사업하곤 거리가 멀지 않아요?"

"아닙니다. 이것도 효도이면서 미래지향 사업입니다."

내 대답에도 알쏭달쏭해하는 의원들에게 조금 더 자세히 설명했다.

"우선은 젊은 사람들에게 노인 배려의 사회적 예의를 본보여서 좋고요. 어르신들이 아픈 데 없이 건강하셔야 자식들도 걱정을 덜지 않겠습니까. 예방주사로 경제적 부담을 덜 수 있다면 지자체에서 하는 게 맞습니다. 더욱이 그 한 분 한 분마다 살아 있는 역사이고, 교과서인데 잘 지켜드려야죠."

의원들에게 한 대답을 어머니께 똑같이 들려드렸다. 어머니께서는 기특하다며 아들의 궁둥이를 토닥여주셨다. 이럴 땐 사람들의 응원이나 격려보다, 또 언론의 칭찬 어린 기사에 비할 바 없이 뿌듯하다.

도전이
새로운 길을
만든다

외지 손님들이 포항에 오면 하나같이 엄지손가락 치켜드는 곳이 있다. 바로 호미곶에서 구룡포까지 이어진 해안도로다. 동해안을 따라 차 안에서 질릴 만큼 바다를 보며 온 이들도 포항의 해안 절경에 탄성을 흘려보낸다. '봄 샛바람에 목장 말 얼어 죽는다'는 주민들의 오랜 농담처럼 무시무시한 해풍은 장엄한 해안선을 만들어냈다. 니바우끝, 까구리개독수리바위, 소봉대, 매바위 등 정겨운 이름의 절벽과 포구들이 영일만을 배경으로 꾸불꾸불 이어져 있다. 그 뒤로 집집마다 빨래처럼 걸어둔 과메기 덕장은 해안도로를 타고 들어온 외지인들의 카메라 앞에서 풍경이 된다.

어느덧 관광 명소가 된 구룡포 해안도로는 포항시가 전국 최초로 중앙정부와의 소송을 벌여 받은 배상금을 기반으로 건설됐다. 그때의

● 공원식, 포항시의회 의장

무모한 도전이 없었다면 지금 구룡포 해안도로는 또 다른 운명을 맞이했을지 모른다.

2002년 참여정부 시절 지방분권 운동이 활발해진 때였다. 의회는 수년 전부터 민사소송이 계속 패소하는 원인을 밝혀달라고 시에 요구했다. 과거에는 '관과 싸우면 민간인만 손해를 본다는 인식이 팽배했다. 그래서 행정 실수 등으로 주민들이 피해를 입어도 막걸리 한 잔에 억울함을 달랠 수밖에 없었다. 하지만 사회 정치가 발달되고 시민의 권리가 부각되면서 행정당국을 대상으로 한 민간인 소송은 매년 늘어나고 있다. 소송에서 관이 패소하면 행정당국의 금고는 그만큼 샐 수밖에 없다. 행정소송 패소로 흘러간 돈만 수십억 원이 넘는다.

이러한 문제점에 착안하여 민사소송패소 원인조사특별위원회를 구성하였다. 나는 민사특위를 통해 3개월 동안 포항시가 패소한 민사소송에 대한 행정사무 조사를 했다. 배상금 문제는 둘째 치더라도, 주민들이 억울한 피해를 받아 법정 문을 두드리기까지 일의 진상규명과 책임 소재를 명확히 하고 싶었다. 그러나 힘은 힘대로 들고 결과를 장담할 수 없는 일이었다. 주변에서도 회의적인 시각으로 보는 이들이 많았다.

그동안 포항시가 패소한 92건의 민사소송에 행정사무 조사를 시작하며 행정기관이 소송당하는 원인부터 파악했다. 적법한 절차를 무시하고 행정 행위를 정당하게 집행하지 않아 소송에 이른 게 된 것이 다

반사였다. 또 책임 소재가 명확지 않아 중앙정부 대신 포항시가 배상금을 지급하게 된 일들도 눈에 띄었다. 해양수산부에 구상권을 청구하며 전국 시의회 최초로 중앙정부에 소송을 낸 '사건'이 바로 여기서 비롯됐다.

1993년 영일군 어민들이 어장 허가 연장을 신청했는데 결과적으로 불허를 당했다. 손해를 본 주민들은 시를 상대로 소송을 제기해 10년 만에 대법원에서 승소 판결을 받게 됐다. 10년간의 행정 재판, 시에서 지급해야 하는 배상금만 25억 원에 달하는 제법 큰 소송이었다.

그런데 포항시가 전적으로 이 문제를 책임지기엔 복잡한 사정이 있었다. 이 분쟁이 발생한 1993년은 영일군이 포항시와 통합되기 이전에 추진된 업무였다. 당시 영일군에선 어망 연장 허가를 신청했는데 해양수산부에서 개항질서법에 의거해 불허를 내렸다.

엄밀히 따져보면 어민들이 어장 허가 연장을 받지 못한 원인은 해양수산부에 있었다. 하지만 대법원 판결 뒤 포항시는 지자체 예산으로 배상금을 지급했다. 발 빠르게 해양수산부를 상대로 배상금 반환을 요구하는 구상권을 청구했어야 했지만 그렇게 하지 못했다. 우리는 뒤늦게나마 포항시가 해양수산부에 구상권을 청구하도록 했다. 하지만 해양수산부는 타당치 않다는 통보를 해왔다. 지방 시와 정부행정기관의 팽팽한 대립은 세간의 주목을 받기에 충분했다.

자칫 중앙정부에 대한 정면 도전으로도 비쳐질 이 싸움은 행정자치부의 행정협의 조정으로 가게 됐다. 양쪽의 치열한 공방 끝에 결국, 민사소송 패소는 문제가 있으며 해양수산부는 시의 구상권 청구를 받아들여 시에서 지급한 배상금 25억 1,700만 원을 사업비로 주라는 판결이 나왔다. 계란으로 바위 치기란 우려 속에서 이뤄낸 큰 성과였다.

일의 진위를 파악하고, 케케묵은 소송 기록을 뒤져가며 정당하게 받아낸 25억 1,700만 원. 이 돈은 국비로 예산 편성돼 구룡포 해안도로 건설에 사용됐다.

민사특위 활동은 시 예산 절약의 성과만 가져온 게 아니었다. 속 터지는 행정처리가 불러오는 인명 사고를 막아낸 적도 있다. 2001년, 연일읍 오천리 뚝방길 부근에서 한겨울 추위로 상수도관이 터져 노면이 결빙됐었다. 마침 이 구간을 지나던 운전자가 결빙된 도로에서 미끄러지면서 전주를 들이받고 말았다. 운전자의 부상 정도가 다행스러울 만큼 차량이 크게 파손됐다.

상수도관이 터졌을 당시 도로에 흙을 뿌리고 안전표지판만 설치했어도 예방할 수 있었던 사고였다. 운전자는 시의 안전조치 미흡으로 사고를 당했다며 소송을 제기했고, 그 결과 포항시는 40% 책임이 인정되며 패소했다.

우리는 관련 공무원을 증인으로 세우고, 비상시의 연락 체계를 되짚었다. 관련 공무원이 사고 당시 비상연락을 받고도 늦장 대처했다는 걸 알게 됐다. 우리는 시에 그 공무원의 문책을 요구했고 더불어 읍면동사무소의 비상연락망 체계를 정비하고 강화해줄 것을 주문했다.

전국 최초로 꾸려진 민사소송패소 원인조사특별위원회의 3개월 활

캐나다 쓰레기 소각장 방문

동은 가시밭길이었다. 하지만 그 길을 다 걸어 나오니 가시밭길을 걷는 요령이 생겼다. 어디 그뿐이겠는가. 한 걸음 한 걸음 꾹꾹 밟아왔기에, 그 뒤로 오는 이들에겐 좀더 편한 길이 되었을 것이다.

포항시의회는 민사특위의 활동 사례를 모아 책을 펴내 전국 의회로 보냈다. 행정당국의 올바른 조처에 대한 생생한 경험을 나누고자 한 것이다. 새롭게 도전해서 만든 새 길은 많은 이들이 이용하며 어느새 익숙한 길이 되어가고 있다. 그리고 나는 거기서부터 이어지는 새로운 길을 또다시 만들어가고 있다.

● 공원식, 포항시의회 의장

지역이 살아야
나라가 산다

이곳저곳 매이는 곳이 많다 보니 고등학교 졸업 뒤론 딱히 공부할 기회를 갖지 못했다. 내가 관여하고 있는 단체가 40여 개가 넘었고 그 가운데 10개 단체는 회장이나 대표직을 맡고 있었다. 일하기를 즐기는 편이어서, 관심이 가거나 나를 필요로 하는 곳이면 아무리 바빠도 나간다. 그런데다가 성격상 일에 대해서는 냉철하고, 꼼꼼히 챙기는 편이라 대강 이름만 걸어놓는 건 못한다. 그러다 보니 일은 늘어나고 내 시간은 늘 부족할 수밖에 없었다.

그런데 막상 의정활동을 하다 보니 못다 한 공부에 욕심이 나, 20여 년 전 굳게 마음먹고 동국대학교 행정학과에 편입학했다.

몸은 하나인데, 학생이자 시의원으로 그리고 사업가로 살려니 쉽지 않았다. 늦깎이 대학생이 된 나는 악조건을 딛고, 밤마다 고시 공부하는 학생처럼 책을 붙잡고 씨름했다.

가장 큰 어려움은 기억력 감퇴였다. 나이는 못 속인다고 일단 강의실에 들어가면 누구 못지않게 집중해서 강의를 들었지만 금세 까먹을 때는 여간 속상한 것이 아니었다. 내가 할 수 있는 것은 단 하나뿐이었다. 노력 또 노력. 나는 젊은 친구들에게 뒤지지 않으려고 모임이나 강연회에 갔다가도 학교 갈 시간이면 어김없이 일어나 학교로 달려갔다.

밤늦게까지 공부를 하다가 코피를 흘린 적이 한두 번이 아니었다. 그럼에도 불구하고 공부를 포기하지 않고 끊임없이 나를 채찍질했던 것은 배움에서 오는 즐거움 때문이었다.

그래도 늦깎이 대학생의 이점도 있었다. 다른 학생들과 달리 살아있는 의회 정치 경험을 했기 때문에 교수님 수업 내용이 머리에 재깍재깍 들어왔다. 어려운 교재도 경험에 비춰 재해석하면 잊어버리지 않았다. 리포트 점수가 유독 좋았던 것도 그 때문이다.

그리하여 5년 만에 대학을 졸업했다. 손에 대학 졸업장을 쥐던 날, 가정 형편 때문에 대학에 갈 수 없다는 사실에 절망하던 나를 안타깝게 바라보셨던 어머니 생각이 났다. 귀한 아들을 공부시키고 싶은 마음이 왜 없으셨겠는가. 노모는 내 대학 졸업장을 보고 또 보셨다.

그 여세를 몰아 동국대학교 행정대학원에서 지방자치를 전공했다. 그리고 '지방분권 시대 의원의 역할'을 고찰한 논문으로 학위를 받았다.

이때 해둔 행정학 공부는 지금까지 두고두고 내 자산이다. 내 꿈은 포항에서 학교를 졸업하고 포항에서 취업해 노년까지 보낼 수 있는, 큰 도시 포항을 만드는 것이다. 그러려면 단순히 경제 발전 타령만 해선 안 된다. 다양한 기업들이 포항에 들어와 자리를 잡고, 포항 안에서의 원활한 경제 활동을 하려면 행정적 뒷받침이 절실하다. 이게 곧 지방 분권이다.

지방 분권은 말 그대로 중앙정부의 권한을 지방에 분산하는 걸 말한다. 수도권이나 시 안에서도 일부에 집중된 성장 모델을 지양하고, 지방이 고르게 잘 살 수 있도록 각 지방의 자치 권한을 강화하는 것이다. 모르긴 몰라도 우리나라가 일본이나 프랑스처럼 진작 지방 분권이 잘 되었다면, 내가 중학교 3학년 때 서울로 가출을 감행하는 일은 없었을 것이다.

특히 포항은 지방 분권의 롤모델로 더없이 좋은 조건을 가지고 있다. 지자체가 도시를 일구기에 가장 적합한 규모의 인구 50여만 명, 농업과 공업 그리고 수산업을 아우르는 천혜의 환경, 포항시 인구의 연령 구성도 젊은 층부터 노년까지 고루 분포돼 있다. 여타 대도시보다는 노령화 진행 속도가 더뎌서 다양한 정책적 실험을 펼칠 수 있다.

나는 이런 내 비전을 2003년에 참여정부 국정과제회의 참석을 통해 대통령 앞에서 설명했다. 지방 분권 특별법 제정을 촉구하면서 뒤따라야 하는 법 제도 개선 항목을 일목요연하게 정리해 발표했다. 그 자리에서 대통령은 포항이 지방 분권의 롤모델이 될 거라며 내 의견에 힘을 실어주셨다.

그리고 십 년이 지났다. 굳이 외국의 사례에서 찾지 않아도 국내 어떤 지역은 무리하게 지자체 사업을 확장하다 도시 기능이 마비 상태에 이르는 경우를 종종 접한다. 그 과정을 가만히 들여다보면 의회가 제 기능을 충분히 하지 못한 채, 이권에 결탁하거나 대중 인기에 편승하려 했을 때 비극적 사태가 초래되는 듯싶다. 시·도 의회는 제도와 정책을 만들어 사업을 추진하기도 하지만 때론 비판적 시각으로 반대할 줄도 알아야 한다.

그런 점에 있어 포항시의회는 내가 의장으로 있을 무렵 시의원 윤리 강령을 채택했다. 이것은 기초의원들이 공공이익을 앞세워 직무를 수행하고, 부정한 이익을 취하거나 부당한 영향력을 행사하지 않으며, 시민의 대표로서 적법한 절차에 따라 의정활동을 한다는 내용이다. 포항시의 시의원 윤리강령 채택은 다른 지방 의회로 확산됐다. '지방 분권 운동과 지방의회 역할'이란 심포지엄을 개최하기도 했다. 이 내용은 전국 각지의 지방의회로 전달돼 모범 사례로 꼽혔다.

2003년 포항시의회는 전국지방자치경영대상 지방의회 부문에서 영예롭게 '최우수 의회상'을 받았다. 전국 232개의 기초의회와 16개의 광역의회 등과 겨룬 가운데 당당히 1등을 차지한 것이다. 내가 포항시의회 의장과 전국시군구의장협의회 수석부회장을 맡고 있었던 때의 일이다.

기초의회 역사상 최초로 전국기초의원 대회를 열도록 추진한 것도

바쁜 의정활동 중에도 공부를 포기하지 않았던 것은 배움에서 오는 즐거움 때문이었다(동국대 행정대학원 졸업식에서 어머니와 함께).

제4대 시의회 의장 당선

바로 포항시의회 활동 때였다. 그리고 2002년 10월 전국 기초의원들이 처음으로 한 데 모여 건강한 지방자치로 가기 위한 '여의도 선언'을 발표했다. 이때를 기점으로 전국의회의장협의회 활동은 지금껏 활발히 운영되고 있다.

요즘은 국제 스포츠 경기나 축제 유치 등으로 지자체 간에 자칫 과열 경쟁을 하는 모습이 종종 눈에 띈다. 하지만 명심해야 할 건 우리 모두가 대한민국이라는 그릇 안에 담겨 있다는 사실이다.

중국 당나라 시대 학자 이연수는 남조의 역사를 정리한 역사서 《남사》에 '백만매택 천만매린(百萬買宅 千萬買隣)'이란 문구를 남겼다.

5세기 중국 남북조시대에 남조의 송나라에서 계아라는 사람이 있었다. 그는 남강 군수 출신이었는데 퇴직 뒤에 100만금이면 살 수 있는 집을 1,100만금이나 주고 사서 이사했다. 그 옆집에 살던 유명한 학자 여승진이 이를 의아히 여겨 이유를 물었다. 그랬더니 계아는 "100만금은 집값이고, 1,000만금은 좋은 이웃을 산 값"이라고 답했다.

여승진과 계아가 살던 그 동네가 어떤 모습이었을지 흐뭇한 짐작을 할 수 있다. 포항이 잘 살면 이웃 지자체들도 그 영향을 받을 것이다. 이는 곧 우리나라의 발전으로 이어질 거란 기대를 떠올려본다.

● 공원식, 포항시의회 의장

> "
> 560원이 없어서 수학여행을 가지 못하고,
> 하고 싶은 공부도 맘껏 할 수 없었던 시절,
> 가난하지만 행복했던 신혼 시절 등을 이야기하자
> 그는 펑펑 눈물을 쏟아냈고,
> 내 눈가도 어느새 촉촉하게 젖어들었다.
> "

4

사랑,
공원식을 일으켜 세운 힘

가난하다고 꿈을 포기할 이유는 없다

　　　　　　　　포항에서 서울로 가려면 비행기로 한 시간, 그보다 저렴한 버스를 타도 다섯 시간이면 충분하다. 아침 일찍 출발하면 서울에서 점심을 먹고 업무를 볼 수 있다. 저녁때면 난 이미 포항에 와 있다. 오래전, 정부에서 전국 일일생활권을 만들겠다며 도로를 내고 철도를 연결하던 때가 까마득하다.

　이렇게나 쉽게 오갈 수 있는 서울이 내겐 야속하리만치 멀었던 때가 있었다. 하루 먹고 하루 사는 게 빠듯했던 시절이다. 초등학교 6학년 우리의 수학 여행지는 서울이었다. '여행'이란 것 자체가 매우 특별한 사건인데다가 목적지가 서울이라니! 담임선생님이 수학 여행지를 발표하자 교실엔 환호가 넘쳤다. 하지만 이어진 선생님의 말씀에 아이들의 반응은 극으로 나뉘었다.

사랑, 공원식을 일으켜 세운 힘

"여행 경비는 560원이다. 못 갈 거 같은 사람은 지금 손들어."

순간 반 전체가 고요해졌고, 아이들은 서로 쳐다봤다. 560원은 1965년 당시에 무척 큰돈이었다. 보릿고개를 못 넘기고 굶어 죽는 사람들이 심심찮았던 때에 쌀 한 말이 3,000원이었다는 걸 감안해도 말이다. 홀로 생계를 꾸려가는 어머니 생각이 아찔하게 스쳤다.

서울 가고 싶은 마음이야 굴뚝같았다. 비록 아버지가 돌아가시고 가난한 집이지만, 그래도 한 집안의 장손인데 수학여행 보내달라고 조르면 되지 않을까……라는 생각도 들었지만 고생하시는 어머니 생각에 미치는 순간 나는 손을 번쩍 들었다.

경비 때문에 수학여행에 갈 수 없는 손 올림 치고는 참으로 당당해 보였을 것이다. 내가 먼저 손을 올리자 곳곳에서 삐죽삐죽 손드는 아이들이 보였다. 아예 못 간다고 해두니 왠지 모를 안도감이 밀려왔다.

수학여행을 못 가는 건 몇 번을 생각해도 서글픈 일임이 분명했다. 하지만 때론 아무리 원해도 이뤄지지 않는 일도 있다는 걸 난 이미 알고 있었다. 이럴 때는 마음을 고쳐먹는 게 최고다. 저녁에 일을 마치고 돌아온 어머니는 이미 수학여행 소식을 알고 계셨다. 어머니 얼굴에는 미안함이 한가득이었다. 하지만 복잡한 내 마음을 어머니도 아셨는지 그날 설핏 잠든 내 등을 내내 토닥여주셨다. 나는 어머니의 따뜻한 손길을 느낄 수 있었다.

지금도 내 가슴 한구석에는 수학여행 참가비 560원이 박혀 있다. 내 삶에 대한, 그리고 스스로 진 사회적 책무와도 같은 '부채'다. 내가 더 크고 힘이 있어지면, 내가 느꼈던 서러움을 받는 아이들은 없어야 한다는 나 자신과의 약속이다.

누군가 '가난은 불편한 것일 뿐'이라고도 하지만 나는 동의하지 않는다. 가난하면 사회로부터 제외되기 쉽고, 누릴 수 있는 것들이 줄어든다. 때때로 서러운 마음에 부모와 환경을 원망하게도 된다.

하지만 정반대로 가난은 사회가 주는 것 외의 것을 넘보게 한다. 뿌리 깊은 소망을 심어주며 적극적 태도로 바꿔준다. 마음을 단단히 죄어 성장해 나가면서 비로소 원망스러웠던 것들에 이해의 마음을 품게 된다. 물론 이 가난이 모든 사람에게 똑같이 작용하는 것은 아니다.

하지만 어찌할 수 없는 현실에 놓여 있는 누군가에게 나의 말과 내 인생이 위로가 됐으면 좋겠다. 가난은 '씨앗'일 뿐이다. 햇볕을 쬐어 주고 물을 주고 정성껏 보살피면 씨앗 안에 움튼 생명이 부쩍 자라날 것이다. 가난하다고 해서 꿈을 포기할 이유는 없다. 그 가난에서부터 '꿈'이 생기기 때문이다.

달려라
영일만 친구야

　　　　　　　　가난이 뼈에 사무쳤던 어린 시절에 나는 너무 용감해서 탈이었다. 서울 가서 성공하겠다며 친구들과 가출을 감행했다. 중학교 3학년, 학기 중이었다.

　내가 서울행을 결심한 데에는 그만한 이유가 있었다. 좋은 고등학교에 진학할 욕심으로 열심히 공부했지만 가난한 집안 형편 때문에 중학교 졸업도 못 하고 꿈이 산산조각 날 위기에 처해 있었다. 어머니께서는 고등학교에 진학하고 싶으면 진학을 하라고 말씀하셨지만 집안 형편을 뻔히 아는 처지에서 내 욕심만 차릴 수는 없었다.

　그렇게 결정하고 나니 마음에 조바심이 들었다. 빨리 성공해서 집안을 일으켜야겠다는 의지뿐이었다. 난 친구들과 의기투합했다. 그리고 친구들과 서울로 출발하는 당일 아침에 어머니께 말씀드렸다.

● 사랑, 공원식을 일으켜 세운 힘

"서울로 가겠습니다. 돈 많이 벌어 와서 어머니 고생에 보답하겠습니다."

"니가 아직 한참 어려 그런다. 서울이 으떤 덴데! 돈만 모여 있다드냐. 온갖 시정잡배가 돈 냄새 맡고 서울에 모여 있다던데. 절대 안 된다!"

어머니는 펄쩍 뛰셨다. 그러나 내 결심을 꺾을 수는 없었다. 나는 가방을 잽싸게 들고는 기차역으로 달려갔다. 고향에 돌아올 땐 반드시 웃으며 오겠다고 다짐했다.

하지만 사람 일이라는 게 의지와 욕심만으로 되겠는가. 서울은 중학교 3학년의 치기 어린 소년에게 야멸찼다. 서울역에 내리자마자 우리를 맞이한 건 역사의 깡패들이었다.

"어이 꼬마들. 이리 와 봐. 너희 어디에서 왔어?"

우리는 도망갈 새도 없이 꼼짝없이 깡패들에게 붙들렸다. 하지만 내놓으란 돈을 순순히 내어줄 순 없었다. 깊이 꿍쳐둔 그 돈은 단순히 서울 생활 경비가 아니었다. 우리의 밥이고 꿈이며 자신감이었다. 한 푼도 빼앗기지 않으려고 몸 곳곳에 꽂히는 주먹과 발길질을 그대로 다 받았다. 결국엔 돈마저 다 빼앗겼다. 여기저기 터진 얼굴은 볼썽사나웠다. 고향을 떠나온 서러움이 북받쳐 올랐다.

천만다행으로 우리는 먼저 서울에 정착한 친구 창우의 주소를 갖고 있었다. 1년 전 포항을 떠난 친구가 보내온 편지에 적힌 주소를 들고 창우를 찾아가기로 한 것이다. 하지만 그때의 서울은 지금과는 전혀

달랐다. 주소도 체계적이지 않았고 곳곳에 무허가 집들도 많았다. 우리는 편지 주소를 찾아가는 데 꽤나 애먹었다. 이틀을 헤맨 끝에 마침내 찾아냈다.

그런데 거긴 창우의 집이 아니라 신문 보급소 골방이었다. 쥐 오줌으로 얼룩덜룩한 벽지, 창문도 없는 손바닥만 한 방, 댓돌 주위에 널려 있는 십여 켤레의 낡은 운동화들……흥해에 있는 우리 집과 비교하면 집이라고 말할 수 없을 정도로 초라하고 어수선했다. 고향 친구들의 갑작스런 방문에 창우는 적잖이 당황했다.

"느그들에게 미안한 말이지만 포항으로 돌아가라. 여기서 니들이 할 수 있는 일은 없다. 내가 도와줄 수 있는 것도 없고, 정말 미안타."

라면을 끓여주며 찹찹하게 친구가 말했다. 여기 보급소만도 나처럼 형편이 안 좋아 밥벌이를 해야 하는 애들로 바글댔다. 그렇다고 물러날 내가 아니었다. 내겐 혹독한 환경 속에서 단련된 근력이 있었다.

청계천 공단 지구로, 마포 인쇄소 뒷골목으로, 종로 시장으로 일자리를 찾아다녔다. 물론 쉽지 않겠지만, 딱 백 명에게 내 소개를 하게 될 때까지 버텨보겠다고 다짐했다. 하지만 그럴수록 자존심만 바닥날 뿐, 차갑고 빡빡한 도시 서울은 내게 조금의 틈도 내어주지 않았다. 창우는 다시 한 번 우리에게 고향으로 돌아가라고 진심 어린 충고를 해줬다.

결국 우리는 열흘 만에 짐을 꾸리게 됐다. 하지만 난 포항행 기차에 오르는 순간까지도 갈등했다.

'지금이라도 내릴까? 어머니께 성공해서 오겠다고 굳게 약속했는데…….'

기차 안에서도 내내 날 괴롭게 한 생각들은 어느덧 포항에 도착했을 땐 싹 날아가 버렸다. 너무도 익숙하고 그리운 고향의 바닷바람 냄새와 함께.

이곳은 내 고향이고, 내가 사랑하는 도시다. 성공하고 싶어서 서울에 가야겠다고 마음먹었지만, 정 반대로 왜 포항에선 성공할 수 없겠는가. 여기 포항에서 남부럽지 않게 성공하겠다고 마음먹었다. 그리고 포항을 서울 부럽지 않은 도시로 만들겠다고 마음먹었다. 이때 품었던 마음은 정치 인생 30년을 걸어온 나의 좌표가 되어 주었다.

내가 돌아오자 어머님과 가족들은 기쁘게 반겨주셨다. 학교에서도 '가출' 책임의 꾸지람을 듣긴 했으나 다행히 뛰어난 학업 성적이 면죄부가 되어 줬다.

"엄격히 말하면 너를 퇴학시켜야 마땅하다. 그러나 네가 지난 1년간 성실하게 공부했으니 이번만은 봐주겠다."

담임인 유동진 선생님의 말씀을 듣는 순간 온몸이 뜨겁게 달아오르며 눈앞이 흐려졌다. 이후 나는 아깝게 허비한 시간을 보충하듯 책과 공책만 열심히 들여다보았다.

불과 열흘 떠나 있었을 뿐인데 내겐 포항이 예전과 달라 보였다. 보이는 모든 것들이 새롭고 감사했으며, 만나고 인사 나누는 이들이 참 정겨웠다.

하늘도 내가 고향에서 성장하고, 이 고향을 성장시키길 바라셨는가 보다. 대구에 있는 좋은 학교에 가고 싶었으나 집안 형편상 실업계 고등학교에 진학할 수밖에 없었던 나는 마침 지역에 포항제철공업고등학교가 설립된다는 소식을 듣게 되었다.

포항제철공고는 지금도 명문 고등학교로 손꼽히는데, 당시에는 포항제철에 취업하는 직행 관문이 될 거란 기대로 설립 전부터 인기가 높았다. 특히 나와 비슷한 처지의 학생들에겐 포항제철공고 입학은 절실했다. 전국 각지에서 내로라하는 수재들이 앞다퉈 원서를 냈다. 시험 점수가 200점 만점에 140점 정도로 맞아야 했으니, 이곳에 입학한 학생들의 수준이 상당했다.

난 하늘의 도우심 아래 포항제철공고 1회 입학생이 됐다. 군 제대 뒤에는 최고 선망의 대상이었던 포항제철에 당당히 입사했다.

곁에 계셔주셔서
감사합니다

　　　　　　　　　　91세의 우리 어머니 최순택 여사에겐 아들이 최고다. 딸 셋을 내리 낳고 서른이 넘어 얻은 귀한 아들, 그 아들이 바로 나다.

　보릿고개를 허덕거리며 넘다가 셋 중 하나는 굶어 죽던 시절, 어머니는 홀몸으로 우리 다섯 남매를 건사해내셨다. 다시 생각해도 정말 감사하고 놀라울 따름이다.

　아버지의 함자는 재 자, 옥 자를 쓰셨다. 안타깝게도 내가 다섯 살에 아버지는 심장마비로 돌아가셨다. 추석에 송편과 술을 맛깔나게 잡숫고 잠드셨다가 그대로 영면하신 것이다. 피할 수 없는 운명으로 받아들여야 한다면, 앞으로 우리에게 닥쳐올 가난까지도 알고 택하셨던 걸까. 추석 차례상에 아버지의 제사를 함께 마련하게 됐으니 말이다.

사랑, 공원식을 일으켜 세운 힘

옛말에 '집안 어른 돌아가시면 줄 돈은 많고 받을 돈은 없다'더니, 아버지가 돌아가신 뒤 우리 집이 그랬다. 이름도 얼굴도 모르는 사람들이 장부를 들이대며 농사와 자식 키우는 것 밖에 몰랐던 우리 어머니에게 누가 꿨는지도 모르는 빚을 갚으라고 손 내밀었다. 어머니가 사실관계를 확인할 새도 없이 땅문서들이 하나둘 남의 손에 넘어갔다.

서른다섯에 청상과부가 돼 다섯 남매를 키우게 된 어머니. 그때에 얼마나 황망하고 두려웠을지 짐작이 간다. 하지만 어머니를 일으켜 세운 건 '어머니' 그 자체의 힘이었다. 자식들을 키워나가겠다는 강한 책임감, 모성 말이다.

어머니는 손바닥만 한 구멍가게를 열었다. 가게에서 벌어온 얼마 되지 않은 돈으로 우리 남매를 먹여 살렸다. 놀라운 점은 어머니의 의지와 자세였다. 험한 삶 앞에서도 웃음을 잃지 않으셨고 눈앞의 이익에 연연하거나 내 것만 챙기기보다는 사랑에 인색하지 않으셨다.

어머니의 고단한 삶을 고스란히 지켜봐 온 나는 어렸을 때부터 성공을 다짐했다. 반드시 큰 부자가 되어서 어머니를 편히 쉬게 해드리겠다고 말이다. 그러나 내 욕심이 작았던 건지 또는 천성이 모질지 못해선지 천석꾼, 만석꾼 같은 부자는 되지 못했다.

어머니는 작은 구멍가게로 겨우겨우 식구들 입에 풀칠해 살면서도 동냥하러 다니는 거지를 빈손으로 돌려보낸 적이 없다. "배 곯아도 사람 구실은 해야 한다"면서 말이다. 하긴 가만 생각해 보면 아버지도 남에게 베푸는 걸 무척 좋아하셨단다. 내가 물질에 집착하지 않고 부자

어머니 팔순 잔치

의 꿈을 진즉 접어버린 건 부모님으로부터 물려받은 천성인가 보다.

어려운 시절을 보낸 터라 어머니는 검소한 생활이 습관처럼 굳어졌다. 천 원짜리 한 장 허투루 쓰는 법이 없으시다. 아파트 단지를 돌며 공병을 모아다가 파신다. 이제 편히 살 만도 하신데 평생을 일해 왔던 어머니 몸은 쉴 줄을 모르신다. 어머니를 말릴까도 했지만 공병을 주워서 번 천 원짜리들을 차곡차곡 주머니에 여며 넣는 어머니 모습은 행복해 보인다. 내 효도는 어머니의 입장에서 그분이 기뻐하고 좋아하는 것들을 맘껏 누리게 도와드리는 것이다.

내가 결혼한 이후로 35년 동안 우리 부부와 함께 살고 계시는 어머니는 귀만 조금 어두우실 뿐, 특별히 아픈 데 없이 건강하시다. 새벽 운동을 꾸준히 하며 철저히 자기 관리를 하신다. 그리고 빈 병 모으는 취미는 아직도 여전하시다. 그것들을 일요일에 참기름 짜는 집에 파신다.

  골백번을 생각해도 우리 어머니는 내게 참 고마운 분이다. 회사의 대표로, 지역 의회의 의원으로, 또 공무 집행자로, 봉사활동 단체의 대표로……아들의 어깨에 지워진 짐이 너무 무겁다는 걸 아시는 걸까? 어머니는 내게 너무도 쉬운 효도를 허락해 주셨다. 빈 병을 운반해 드리고, 집에 일찍 일찍 들어가고, 함께 밥상머리에 앉아 밥공기를 뚝딱 비워내고, 좋아하시는 담배를 가끔 사다 드리면 어머니는 세상에 더없이 행복한 사람이 된다. 나를 세상에 둘도 없는 효자로 만들어 주신다.

  나는 어머니가 하나님께서 부르시는 그 날까지 늘 곁에 이렇게 계셔주시기를 간절히 기도한다.

● 사랑, 공원식을 일으켜 세운 힘

나는 장가를 정말 잘 갔소

좋은 아내를 얻은 남자야말로 세상에서 가장 행복한 남자가 아닐까 싶다. 그 이유는 《명심보감》에서 찾아볼 수 있을 거 같다.

'賢婦는 令夫貴요 惡婦는 令夫賤이니라.'

이 말은 어진 부인은 남편을 귀히 만들고 악한 부인은 남편을 천하게 만든다는 뜻이다.

누구나 쉽게 접해봤을 법한 가르침이지만 한 번 더 되새겨보면 의미가 남다르다. 이 말은 단순히 좋은 아내를 가져야 한다는 뜻이 아니다. 부부란 함께 살며 서로 영향을 주고받는다는 게 전제로 깔려 있다. 남편이 귀한데 어찌 부인이 천할 수 있겠는가.

요즘 젊은 사람들은 결혼을 미루거나 기피하는 경향이 있다. 경제적 이유도 큰데 거기에 굳이 '남'과 함께 살며 맞춰가는 수고를 피하고 픈 것 같다. 매우 안타까운 일이다. 그래서 나는 정부가 정책적으로 젊은이들의 결혼을 장려하고 출산을 적극 도와야 한다고 생각한다. 부부로 하나 돼 살아가는 참맛을 우리 젊은이들과 함께 나누고 싶다. 부부 사이는 '남'이라지만 부부만한 삶의 동반자가 없다. 그리고 그 둘은 함께 인생을 살며 서로를 성장시킨다.

내가 힘들거나 약해졌을 때 나를 일으켜준 사람, 나의 가난도 나의 열정만큼 값지게 사준 사람, 내 아내를 소개한다.

포항제철에 근무하던 시절, 나는 백광일이라는 직장 상사의 주선으로 아내와 선을 봤다. 자신의 누님이 부산 성광교회 목사 사모인데, 그 교회 장로가 장손녀의 혼처를 알아보고 있다는 것이다.

1979년 2월 10일, 부산에서 평생의 반려자가 된 박해숙을 처음 만났다. 훤칠한 큰 키의 아가씨는 새초롬한 얼굴로 나와 직접적 대화 없이 눈만 몇 번 마주쳤다. 그 자리에 함께 나온 어른들에 의해 우리의 결혼은 결정됐다. 아가씨는 말없이 부끄러워하며 고개 숙였고, 나는 멋쩍게 웃었다.

우리는 연애할 기회 없이 곧바로 부부로 살게 됐다. 아내와 선을 본지 불과 한 달 닷새 만에 결혼식이 있었는데, 이때가 1979년 3월 15일이었다.

더 이상 감출 수 없는 가난과 남루한 살림도 모두 새 신부에게 보

● 사랑, 공원식을 일으켜 세운 힘

여야만 했다. 아내도 익히 집안 형편을 알고는 있지만, 막상 신혼집에 와서는 조금 실망스런 눈치였다. 흥해 변두리에 다 쓰러져 가는 집이었다. 신혼여행 짐가방을 풀자마자 아내는 한복과 고운 원피스들을 꼭꼭 보자기에 싸서 장롱 깊숙이 넣었다. 본인이 이 집에서 해야 할 역할이 무엇인지를 직감하곤 스스로 마음을 단단히 먹은 순간이었을 게다.

그리고 내가 직장에 나간 동안에 피아노 교습과 미술과외를 하기 시작했다. 축축한 곰팡이 꽃 피던 우리 집은 아내가 들어오면서 환한 기운을 띠었다. 아내는 나와 우리 가정을 위해 열심히 기도해줬다.

아내는 혼자만 내게 온 게 아니었다. 아내 덕분에 난 장인어른의 더 없는 사랑을 받았고, 우리 아이들도 품게 됐으니 말이다.

장인어른은 내 집안 환경과 척박한 가난을 격려해주셨던 분이다. 오래전 그 신혼집으로 장인어른이 찾아오셨다. 잘 키운 딸이 흥해 변두리 단칸방에서 살고 있는 걸 보셨는데 덤덤하셨다. 그러면서 아내에게 "네가 잘해야 한다. 알뜰히 하면 살림은 금방 펴질 테니까 공 서방이 갖다 주는 월급 귀한 줄 알고 써라" 하셨다.

나는 몸둘 바를 몰랐다. 딸과 사위 마음 다칠까 내색하지 않으셨지만 우리 사는 모습에 마음이 무너지셨을 게다.

그래도 장인어른은 맏사위인 나를 끔찍이도 챙겨주셨다. 나는 살아생전 받아보지 못했던 아버지 사랑을 장인어른을 통해 받았다.

결혼을 하고 나서 포항제철 월급도 올라 살기가 괜찮아졌다. 무엇보다 아내의 부업이 큰 힘이 되었다.

그러던 차에 분양받았던 아파트의 입주가 시작되었다. 15평이었지만 처음 그 집에 발을 들여놓던 날을 잊을 수가 없다. 맨 꼭대기 5층이었는데, 아내와 나는 힘든 줄 모르고 이삿짐을 날랐다. 내 집이 있다는 게 그렇게 든든하고 기쁜 일인지 처음 알았다. 이후 우리는 2년 만에 흥해로 다시 이사했다. 그리고 이후 다섯 번을 더 이사했다.

지금이야 웃으면서 추억할 수 있지만, 당시에는 어머니와 아내에게 얼마나 미안했는지 모른다. 지금도 고생한 당시 기억을 떠올리면 미안한 마음이 앞선다.

내가 정치를 시작하면서 아내는 빛나지 않는 자리에서 수고해왔다.

언젠가 어떤 부인이 "공원식 의원 와이프가 당선되고 나니 위아래가 없어졌다"며 험담을 한 모양이다. 이 말을 듣고 아내는 놀란 가슴을 달래고 그 말이 나가게 된 정황을 살폈다.

안경 없이는 사람을 분간할 수 없는 아내가 목욕탕에서 맨몸으로 그 부인과 마주쳤다. 누군지 알아보지 못하고 그냥 지나친 게 화근이 된 모양이었다. 더욱이 아내의 키는 170센티미터, 커다란 여자가 목을 빳빳이 세우고 지나쳤으니 교만하다고 느꼈을 수 있다. 그 뒤로 아내는 목욕탕이건 어디서건 사람들을 만나면 누구라고 할 것 없이 먼저 허리 굽혀 인사한다. '예의'의 기준을 자기가 아니라 자신을 보는 상대

● 사랑, 공원식을 일으켜 세운 힘

에게 맞춘 것이다.

큰 키의 아내가 목욕탕에서 알몸으로라도 마주치는 사람들에게 인사하는 모습을 떠올리니 코가 시큰했다. 나를 만나지 않았더라면, 정치인의 안사람이 아니었더라면……고상한 사모님으로 살 수 있지 않았을까?

하지만 이 역시 아내의 운명이라면 운명이다. 아내는 나를 내조하고 아이들을 학교에 보내며 학교 및 지역 봉사 활동을 시작했다. 아이들 어렸을 때는 학부형 모임처럼 작게 시작해 어머니연합회, 로터리부인회, 경북YWCA, 경북여성단체협의회까지 두루 거치며 여성의 힘을 톡톡히 보여주고 있다. 특히 아내는 경북의 24개 시도 여성단체를 이끄는 수장으로 경북여성단체협의회 회장직을 맡아 일해 왔다.

집안 살림을 하는 사람을 따로 둔 것도 아니고, 어머님을 모시며 운영하는 스포츠용품 상점의 살림까지 챙긴다. 아내로, 어머니로, 며느리로, 여성단체의 수장으로, CEO로, 봉사하는 일원으로 예닐곱 가지 역할을 거뜬히 해내며 나보다 더 바쁘게 지낸다.

아내는 내 잘못엔 호되게 질책하지만 다른 사람들에겐 대단히 너그럽다. 여성협의회에 몸담으며, 보고 체계를 바로 잡고 회계장부를 재검토하며 예산 질서를 바로 세우는 까다로운 작업을 해낸 적이 있었다. 내가 놀랐던 건 그런 대대적인 개편 뒤에 누구의 입에서 볼멘소리가 나오지 않았단 사실이다.

나는 아내가 일을 처리하는 게 신통해 보였다. 비법을 물으면 아내

결혼식

아내와 제주도에서

● 사랑, 공원식을 일으켜 세운 힘

는 이때다 싶어 나의 불같은 성미, 뾰족한 비판의 날을 길들이려 한다. 나는 정확하고 확실하다라는 평가를 받는가 하면 다른 한편에서는 차갑다는 말도 듣는다. 그런데 아내는 만나는 사람들이 좋아할 정도로 포용력이 뛰어나다. 그 점이 바로 아내에게 배울 점이라고 생각한다.

주변 사람들이 "의원님도 훌륭하시지만 사모님도 못지않게 훌륭하시네요", "역시 덕장이 되려면 안사람이 복이 있어야 한다던데, 부럽습니다"며 아내를 칭찬할 땐 어떤 표정을 지어야 할지 잘 모르겠다.

아내는 내 모든 것을 품어주면서도, 나를 다듬어주는 인생의 동반자이다.

장애란
조금 불편한
차이일 뿐이다

"아들 지웅이가 다쳤다…….."

2008년 8월 29일, 전화기 너머로 아들의 사고 소식을 들었던 그 순간을 나는 지금도 똑똑히 기억한다.

마침 업무차 서울에 있었던 나는 전화를 받자마자 즉시 포항행 비행기에 올랐다.

'얼마나 다쳤을까?'

'도대체 왜, 무엇 때문에 사고가 난 걸까?'

50여 분에 불과한 비행시간 내내 머릿속을 휘젓는 불안과 초조함으로 떨리는 양손을 꼭 부여잡으며 그저 아들이 무사하기만을 간절히 기도했다.

나는 평소 듬직한 아들의 운전 실력을 의심해본 적이 없었고, 때문

● 사랑, 공원식을 일으켜 세운 힘

에 교통사고 소식은 더욱 낯설기만 했다.

    결혼한 지 1년 만에 태어난 지웅이는 아들이 귀한 집안에서 온 가족의 사랑을 받고 자라났다. 당시 한동대학교에서 수학하던 아들은 친한 선배의 부탁을 거절하지 못해 차량을 대신 운전해주었는데, 하필 그날 시간당 40mm 안팎의 폭우가 울진과 포항지역을 덮쳤다. 시야 확보가 어려운 악천후와 빗물이 흥건한 도로에 차량이 미끄러지면서 그만 계곡 아래로 추락했는데, 불행히도 에어백이 터지지 않으면서 아들의 목이 심하게 꺾인 것이다.

    교통사고가 발생한 울진의 작은 병원에서 포항선린병원으로, 다시 대구의 계명대학교 동산병원에서 서울대학교병원으로 옮겨 수술을 받은 끝에 지웅이는 '경추 장애' 진단을 받았다.

    머릿속이 하얘지면서 심장이 발끝까지 툭 떨어지는 것 같은 통증에 순간 숨을 쉬기 어려웠다. 혈기왕성한 스물아홉 살 청년의 삶이 장애의 몸 안에 갇히게 되었다는 사실을 어느 부모가 순순히 인정하고, 받아들일 수 있겠는가.

    '나는 희망을 놓지 않겠다. 전국, 아니 세계 어딘가에는 분명히 치료법이 있을 테니 함께 찾아보자.'

    충격에서 벗어나지 못하는 가족에게 나는 선언을 했고, 그날 이후 약 3년간 전국의 우수한 재활병원은 물론 줄기세포 수술로 인정을 받고 있는 중국의 병원까지 찾아다니며 입원과 퇴원, 재활 치료를 반복했다.

120킬로그램이 넘는 거구의 아들이 참기 어려운 통증을 호소할 때마다 나는 지난날의 선택을 원망했다.

'지웅이를 한국으로 데려오지 않았다면 좋았을 것을……'

사고 전 지웅이는 미국 LA 리버사이드대학에서 비즈니스 전공까지 마친 상태였다. 그런데 계속 미국에서 공부하길 원하는 아들에게 한동대학교에서 공부를 마치라고 권했던 사람이 바로 나였다. 아직은 어리게 느껴지는 아들을 조금 더 내 곁에 두고 보고 싶었던 것이다.

시간이 흐를수록 아들의 고통은 고스란히 내게로 전해졌고, 어느새 나약해진 내 마음은 어떤 위로도 담을 수 없을 만큼 작아졌다.

'오랜 세월 동안 지역에서 봉사를 해왔고, 많은 분에게 도움을 드리고자 노력해 왔는데, 어떻게 이런 일이……'

그런데 원망과 섭섭함에 젖어 있는 내게 큰 깨달음을 준 사람은 오히려 아들 지웅이었다.

"지웅아, 지금부터 나의 모든 일을 내려놓고 오로지 너를 위해 나의 모든 시간을 쓰고 싶다. 어떻게 생각하니?"

"아버지, 절대로 안 됩니다. 아버지는 저에게 충분히 큰 관심과 사랑을 주고 계세요. 아버지께서 열심히 활동하시는 모습이야말로 제게 가장 큰 힘이 됩니다."

자식의 위로와 격려만큼 힘이 되는 것이 또 있을까. 나는 지웅이로부터 '장애란 단지 삶을 조금 불편하게 만드는 것'이라는 큰 배움을 얻었으며, 이를 통해 마음에 쌓아두었던 원망의 마음도 자연스럽게 놓

● 사랑, 공원식을 일으켜 세운 힘

미국 유학시절 지웅이(맨 오른쪽)

우리 부재(父子)는 사고 전보다
더욱 돈독한 정을 나누고 있다.

아버릴 수 있게 되었다.

　힘든 상황과 맞닥뜨렸을 때 위로와 의지할 대상을 찾는 것은 너무도 자연스러운 일이다. 하지만 위로는 작은 도움일 뿐, 실제로 문제를 해결하고 현실을 긍정적으로 헤쳐나가는 데는 큰 도움이 되지 못한다.
　원망의 감정은 고장 난 렌즈와도 같아서 객관적인 사실을 왜곡해서 바라보는 실수를 범하게 만든다. 그리고 이로 인한 아픔은 오롯이 내 안의 상처로 남을 뿐이다.
　나는 감당하기 어려울 만큼 힘든 일과 맞닥뜨려 고통스러워하는 사람들에게 내가 그랬던 것처럼 잠시 숨을 고르고 조금 더 시야를 넓혀 주위를 보라고 조언하곤 한다.
　지웅이는 건강한 두 다리 대신 휠체어에 앉게 되었지만 큰 사고에서도 살아남았다. 경추장애임에도 불구하고 두 팔을 자유롭게 사용할 수 있어서 일상의 모든 일을 스스로 해낼 수 있으며, 운전 실력 또한 뛰어나 포항에서 서울까지 왕복 운행을 거뜬히 해낸다.
　누군가는 "쯧쯧……" 하며 불쌍하게 바라보겠지만, 더 힘든 처지의 사람들을 생각하고 그들에게 도움을 줄 수 있는 삶을 살겠다고 다짐을 한 후부터, 우리 부자(父子)는 사고 전보다 더욱 돈독한 정을 나누고 있다.
　"마음에 드는 여성이 생겼다"거나 "아버지의 정치적·사회적 활동에 적극적으로 참여하겠다"며 내게 힘을 주는 지웅이는 요즘 새로운

● 사랑, 공원식을 일으켜 세운 힘

학업 계획과 봉사활동으로 무척 바쁜 삶을 살고 있다.

　내가 아들 지웅이의 이야기를 이렇게 풀어놓는 이유는 보다 많은 사람이 당연하게 움직이는 손과 발, 당연하게 볼 수 있는 눈, 당연하게 꾀를 부릴 수 있는 머리조차 감사하게 생각하길 바라기 때문이다. 그리고 건강한 신체를 갖고 있다는 이유만으로 충분히 행복한 사람들이 장애로 인해 조금 불편한 삶을 사는 이웃을 편견과 차별로 힘들게 하고 있지는 않은지 스스로 돌아볼 기회를 함께 나누고 싶기 때문이다. 나는 이것이 바로 우리 사회 전체가 행복하기 위해 노력해야 할 출발점이라고 믿는다.

품어주지 못해
미안한 딸

성악을 전공한 딸아이가 교회 예배에서 찬송을 했을 때 매우 감격스러웠다. 딸 지영이의 고운 목소리는 예배당을 거쳐 하늘에 올려지는 것만 같았다. 지영이의 노래에는 마음을 감복시키는 힘이 있다.

부끄러운 고백이지만 나는 아이들에게 충실한 아버지가 못 된다. 정치를 시작한 뒤로 각 분야에서 많은 사람들을 만났지만 정작 아이들과의 추억은 많지 않다.

지영이는 중학교 3학년 때 느닷없이 성악 공부를 해서 예술고등학교에 가고 싶다고 했다. 안팎으로 부모가 바쁘니 제 갈 길은 제가 모색해야 한다고 생각했던 모양이다. 중학교 1, 2학년 때부터 준비해도 어려운 게 성악이다. 주변의 이런저런 우려가 있었지만 지영이는 불과 몇 달 공부한 끝에 예고에 합격했다. 그리고 한양대학교에서 성악을 전공하고 지금은 대학원에 다닌다.

지영이가 한창 사춘기를 앓고 있을 때, 우연히 일기장을 보게 됐다. 일기장에는 아빠랑 함께 사진을 찍고 싶다는 내용이 적혀 있었다.

'내가 이 아이랑 함께 사진을 찍은 적이 없었던가?' 하는 생각이 들면서 머리를 한 대 맞은 것 같았다. 당시 의회에서 각종 특별위원회와 임시위원회 조직을 맡았던 때였다. 아내는 아내대로 가게를 운영하며, 의원의 아내로 지역사회 활동에 한창이었다. 대견하고 믿음직한 아이라 해도, 역시나 부모의 빈자리는 스스로 메울 수 없었나 보다.

지영이는 하늘에서 귀하게 보내준 딸이다. 결혼한 지 1년 만에 아들이 태어났는데 직후에 아내는 갑상선 질병을 앓았다. 그리하여 첫 아이를 낳고 7년 뒤에야 둘째 지영이를 안아보게 됐다.

금지옥엽 같은 딸이 홀로 외로움을 느끼고 있다는 사실에 나는 큰 충격을 받았다. 아내와 이 일을 상의하고 지영이를 잘 살펴주자고 했지만 여의치 않았다. 차고 넘치게 사랑해줄 시간이 부족했다.

제대로 품어줄 겨를 없이 지영이는 서울로 대학을 갔다. 그리고 아들이 사고당한 뒤 나와 집사람의 신경은 온통 아들에게 쏠려 있었다. 가끔 서울에서 지영이가 내려오면 "이제 네가 잘해야 된다"고 강조했다.

하루는 집안에 고함이 오갔다. 지웅와 지영이 두 녀석이 싸우고 있었다. 돌이켜 생각해보면 남매지간에 흔히 있을 수 있는 싸움인데 나

현재 대학원에 재학 중인 딸은 솔리스트로 활발히 활동 중이다(사진은 가족사진).

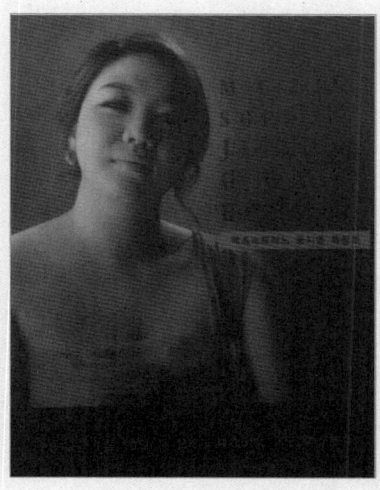

딸 독창회

● 사랑, 공원식을 일으켜 세운 힘

는 버럭 화를 냈다. 아픈 오빠를 배려하지 못하는 지영이를 나무랐다. 지영이는 북받쳐 오르는 서러움을 안고 서울로 가버렸다. 나는 마음이 무거웠다. 지영이에게 나의 마음을 표현하며 계속 문자 메시지를 보내서 오해를 겨우 풀 수 있었다.

현재 대학원에 재학 중인 지영이는 솔리스트로 활발히 활동 중이다. 일찍부터 포항음악협회 주최 학생콩쿠르 1등, 음악저널 콩쿠르, 영남대·목원대·고신대 등 다수의 대학 콩쿠르에 입상했으며 한국예술진흥위원회 주최 한예음악콩쿠르 대학·일반부 1등을 차지하기도 했다. 얼마 전에는 포항오페라단의 '베르디 오페라 하이라이트' 갈라 콘서트 무대에 서기도 했다.

나는 예술가로서 남다른 두각을 나타내고 있는 딸을 바라보면 마음이 흐뭇해진다. 무엇보다 내가 바라는 것은 지영이가 행복하고 건강하게 사는 것이다. 오로지 그것뿐이다. 지영이가 행복할 수만 있다면 아무것도 바라지도, 재촉하지도 않을 셈이다. 그리고 내가 만든 빈자리를 미래의 내 사위가 채워줬으면 좋겠다.

대변통을 들어도
나는 웃는다

흔히들 봉사란 누군가를 도와주는 일이라고 한다. 하지만 오랜 경험상 봉사는 주고받는 것이라는 게 내 생각이다. 봉사를 통해 봉사자는 값으로 환산할 수 없는 선물을 받기 때문이다.

의정활동에 바쁘던 중에 편지 한 통을 받은 적이 있다. 6년간 내가 작게나마 후원한 이에게서 온 편지였다.

"그동안 저희 가정을 돌봐주셔서 고맙습니다. 6년 동안 받아온 사랑 덕분에 넉넉하진 않지만 이젠 제 힘으로 살아볼까 합니다. 지금까지 도움 주셔서 감사합니다. 이젠 우리보다 더 어려운 사람을 도와주십시오."

가슴이 뭉클해졌다. 내 작은 도움으로 그분의 형편이 나아진 것도 기뻤지만 무엇보다 더 어려운 이웃을 생각하는 그 마음이 전해졌다.

● 사랑, 공원식을 일으켜 세운 힘

그러면서 이런 분들이 더 좋은 환경에서 열심히 살 수 있도록 내가 서 있는 공직의 자리에서 최선을 다해야겠다는 각오를 새로 다졌다.

저마다 다른 사람들이 한 사회에 모여 사는 건 바로 이런 이유 때문이 아닌가 싶다.

나는 봉사자들에게서도 많은 감명을 받는다. 난 20년째 포항향토청년회를 통해 틈틈이 지역 봉사를 해왔다. 포항향토청년회가 봉사를 지원하는 곳 가운데 성모자애원이 있다. 성모자애원은 지체장애를 앓고 있거나 거동이 불편한 노인들을 돌보는 곳이다. 때문에 물질적 도움뿐만 아니라 우리 같은 장정들이 나서줘야 할 일이 많다.

나도 꾸준히 봉사활동을 해오고 있는데 김정달이라는 선배는 단 한 번도 거르지 않고 20년간 성모자애원에서 봉사를 해오고 있다. "참 대단하십니다. 어쩜 20년을 한결같이 해오실 수 있습니까?"라고 물으면 김정달 선배는 "일 년 내내 죄를 짓고 사는 마음인데 여기 와서 봉사하고 나면 죄를 다 씻는 느낌이다. 내 마음이 너무 가벼워져"라고 대답한다.

김정달 선배뿐만 아니라 17년째 봉사를 하는 회원도 있다. 그런 분들을 볼 때마다 내 마음에도 뜨거운 감동이 느껴진다. 개개인으로는 작고 미약하지만 함께 뜻을 모으면 기적 같은 일들을 만들어낸다는 걸 우리는 안다.

성모자애원 식구들과의 나들이도 그렇게 시작됐다. 물품 기부가 봉사의 주를 이뤘던 20여 년 전, 성모자애원에서는 우리 포항향토청년

20년째 포항향토청년회를 통해 성모자애원 봉사를 해오고 있다.

성모자애원 마리아집 가족나들이

● 사랑, 공원식을 일으켜 세운 힘

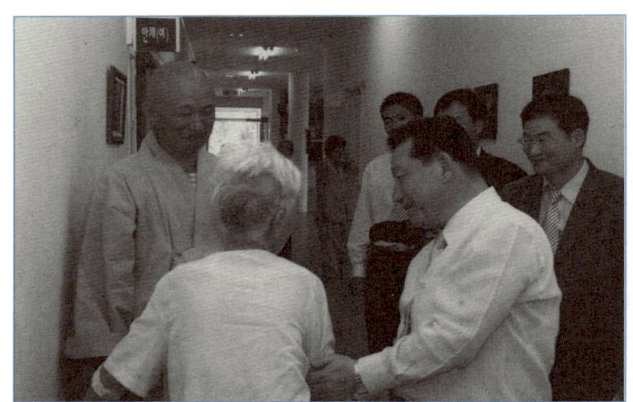
정애원 방문

회에 뜻밖의 소망을 이야기했다. 바로 바깥세상 나들이였다. 그러고 보니 여기 계신 분들은 입소한 뒤로는 딱히 밖에 나갈 일이 없다는 걸 깨달았다. 즉시 포항향토청년회는 뜻을 모았다. 지체장애를 가진 식구들을 모시고 단체 여행에 나서는 건 쉽지 않은 일이지만, 우리 청년들이 힘이 있는데 망설일 게 없다 싶었다.

첫 여행이니만큼 크게 욕심부리지 않고 가까운 경주로 나들이를 계획했다. 성인 세 사람이 한 조를 이뤄 성모자애원 식구 한 명을 보살폈다. 봉사자 한 명이 자매님을 업고, 다른 한 명은 손이 되어 식사 등을 살폈다.

아직 봉사 초보였던 나는 대변통을 들고 곁을 지켰다. 장애를 가진 분들이 여행 중에 용변 보는 일 때문에 불안을 느끼지 않도록 돕는 것이었다.

너무나 고맙게도 첫 여행은 매우 즐거운 추억이 됐다. 네 명으로 이뤄진 한 개의 조가 2인 3각을 하듯 호흡을 맞춰갔고, 우리는 경주박물관도 무리 없이 둘러봤다. 에밀레종 앞에선 저마다 다른 소리와 표현의 즐거운 비명이 터져 나왔다. 내가 든 대변통이 무거워질수록 보람도 커져갔다. 그만큼 지체 없이 이곳저곳 잘 둘러보고 있다는 증거니까 말이다.

그 뒤로 성모자애원 식구들은 일 년에 한 번씩 여행을 한다. 정신지체를 앓거나 거동이 불편한 노인들도 이때만큼은 침상을 탈탈 털고 즐거운 마음으로 나선다. 먼 여정을 위해 휠체어를 닦고 또 닦으며 재정비하는 것도 필수다. 자칫 준비 과정에서 잘못이 생기면 크고 작은 사고로 이어질 수 있다. 조심을 기울이면서도 신속하게 도울 수 있는 노련한 도움의 손길이 필요하다. 이렇게 성모자애원 식구들과 세상나들이를 한 지 올해로 20년째다. 청와대, 안동 하회마을, 제주도, 용인 놀이공원 등 다녀온 여행지도 다양하다.

한 번은 제주도로 2박 3일 여행을 떠난 적이 있다. 나는 김분조라는 자매님과 파트너가 되었다. 그분은 정신지체 장애를 가진 중년의 여성이었는데, 정신 장애가 있었기 때문에 잠시라도 눈을 뗄 수가 없었다. 그런데 2박 3일의 일정은 내게 무리가 있었다. 의회 회기 중이라 하루밖에 여유가 없었다. 할 수 없이 다른 회원에게 김분조 씨를 부탁한 뒤 포항으로 돌아왔다.

그런데 얼마 후 소동이 있었다는 연락이 내게 왔다. 나와 파트너로 사이좋게 지냈던 김분조 씨가 내가 없어진 것을 알고 울고 불며 그렇게 나를 찾았다는 것이다.

그 이야기를 듣고 나의 경솔함을 탓할 수밖에 없었다. 김분조 씨에게 양해를 구하고 올라왔어야 할 것을 그냥 다른 이에게 부탁만 하고 왔으니 내 잘못이 컸다.

소식을 듣고 다음번 성모자애원을 갔을 때 김분조 씨를 찾았다. 그런데 그분은 나에게 알은체도 하지 않으면서 외면해버렸다. 그 모습을 보니 어찌나 미안하던지. 그 후에도 몇 차례 끈질기게 찾아가서 말도 시키고 식사도 같이 하다 보니 어느새 마음이 풀어졌고 이젠 예전처럼 웃고 만날 수 있게 되었다.

1932년, 남대영 루리 델랑드 신부님이 '사랑은 곧 한집안이란 뜻입니다'라며 세운 성모자애원 원생들의 세상 나들이는 이렇게 시작됐다. 이후 매년 5월에는 포항향토청년회와 성모자애원 원생들이 여행을 한다. 청와대, 제주도, 안동 하회마을, 용인 에버랜드 등 세상에 대한 궁금증을 해소할 다양한 곳들을 다녀왔다. 그래도 우리는 아직도 세상에 목마르다. 더 많은 곳으로 그들이 자유롭게 여행할 수 있기를 소망한다.

패자부활전이 가능한 사회를 꿈꾼다

나는 법무부 범죄예방위원회 포항지역협의회에서 13년간 활동해 오고 있다.

범죄예방위원은 세 가지의 고유 업무가 있다. 첫 번째는 범죄를 저지른 미성년자들을 선도해서 뉘우칠 수 있도록 지도하는 것이다. 6개월의 지도 과정을 잘 거치면 그들은 훈방되고 교도소에 가지 않는다. 두 번째 업무는 전자발찌 등을 차고 있는 보호관찰 대상을 꾸준히 살피고 지도하는 것이다. 재범의 위험 때문에 전자발찌를 차고는 있지만 이들도 사회에서 일하며 살아갈 수밖에 없다. 하지만 주변의 따가운 시선이 항상 뒤따른다. 전과자에게는 재범의 위험을 주지시키고, 함께 일하는 사람들과 조화로울 수 있도록 돕는 게 범죄예방위원의 역할이다. 세 번째 업무는 교도소 출소자들이 사회에 잘 적응할 수 있도록 보호하는 것이다. 이들에게 새롭게 출발할 수 있는 기회가 주어지지 않으면, 자칫 범죄의 세계로 다시 들어갈 확률이 높다. 그래서 예방위원들은 이들에게 생활 기반을 만들어주고 취업의 기회를 얻도록 돕는다.

 범죄예방위원의 기본 역할이 이들을 살피고 지도하는 것이니만큼 정서적 유대 관계도 중요하다. 내가 담당한 이들을 몇 개월씩 만나며 꾸준히 대화를 한다. 물론 닫혀 있는 마음의 문은 한 번에 열리지 않는다. 어린 학생들의 경우 무단으로 약속을 깨거나 집으로 자기를 데리러 오라며 내 인내심을 시험하기도 한다. 그런데 이렇게 열 번의 어려움을 넘기면 비로소 보람과 감동의 순간이 찾아온다. 회심의 눈물을 터뜨리기도 하고, 몇 년째 문제없이 성실히 일하는 모습을 보면 참으로 뿌듯하다. 그리고 나에게 경종을 울리는 분들도 있었다.

 언젠가 교도소 출소자를 위해 주거지를 마련하는 프로젝트를 진행한 적이 있다. 정부보조금과 범죄예방위원들의 돈을 합쳐 출소자가 사회생활에 잘 적응할 수 있도록 작은 원룸에 가구와 식기를 마련하고 입주식을 치르기로 했다. 그런데 입주자는 집 입구에서 우리를 보자마자 집으로 홀랑 들어가 버리는 게 아닌가. 범죄예방위원들은 크게 당황했고 진심을 몰라주는 그에게 섭섭한 마음마저 들었다. 난 얼른 그의 뒤를 따라 들어갔다.

 "무슨 언짢은 일이라도 있으십니까?"

 내 말에도 그는 언짢은 말투로 대답했다.

포항범죄피해자지원센터 개소

법무부 범죄예방위원으로 활동한 지 어느새 13년의 세월이 흘렀다.

● 사랑, 공원식을 일으켜 세운 힘

"이참에 동네방네 소문내지 그래요. 안 그래도 작은 동네에서 내가 교도소 출소자라는 게 알려지면 누가 나랑 말이라도 섞겠소?"

아뿔싸! 뒤통수를 망치로 얻어맞은 것과 같은 충격을 느꼈다.

'상대의 입장이 아닌 나의 입장에서 봉사를 하고 있었구나.'

불만과 두려움이 교차하는 그의 눈동자를 보며 나는 부끄러움과 미안한 마음에 살며시 그의 손을 잡았다. 그리고 지난날 내가 살아온 얘기를 솔직하고 담담하게 풀어냈다.

560원이 없어서 수학여행을 가지 못하고, 하고 싶은 공부도 맘껏 할 수 없었던 시절, 가난하지만 행복했던 신혼 시절 등을 이야기하자 그는 펑펑 눈물을 쏟아냈고, 내 눈가도 어느새 촉촉하게 젖어들었다.

"당신은 죗값을 치렀습니다. 그러니 용기를 내세요."

그날 우리의 진심이 서로 통해서였을까. 그는 성공적으로 정착했고 우리가 구해준 원룸을 떠나 훗날 더 큰 집으로 이사를 했다는 소식을 들었다.

내가 법무부 범죄예방위원으로 활동한 지 어느새 13년의 세월이 흘렀고, 현재 법무부 범죄예방위원회 포항지역협의회 회장직을 맡고 있다. 이 일을 통해 나는 스스로 법과 질서를 존중하는 사람이 되기 위해 더욱 엄격하게 자신을 관리해왔고, 동시에 죄를 짓고 사회로부터 패자의 이름표를 갖게 된 사람들에게 기회를 주는 열린 사회의 필요성에 대해 깊게 생각하게 되었다.

어느 시대, 어느 국가나 승자 중심의 사회적 분위기가 있다. 특히 우리 사회는 유독 승자 위주의 사회적 분위기가 강하다. 1등은 칭찬 받아 마땅하지만, 2등과 3등, 때로는 꼴등도 새로운 도전의 기회를 가질 수 있어야 한다. 교도소 출소자를 비롯해 사회로부터 소외된 사람들도 여기서 예외가 될 수 없다. 나는 이것이 바로 성숙한 선진사회의 조건이라고 믿는다.

사회발전에 독이 되는 부정적인 실패는 다시 발생하지 않도록 하는 치밀한 시스템을 구축하되, 노력으로 변화가 가능한 긍정적인 실패에 대해서는 과감하게 관용을 베풀어야 한다. 패자부활전(敗者復活戰)이 있는 스포츠 경기가 감동을 주듯, 재도전이 가능한 사회가 가슴 따뜻한 살맛 나는 세상을 만들 수 있기 때문이다.

줄기러기는 두 번 에베레스트를 넘는다

초판 1쇄 인쇄 | 2013년 11월 20일
초판 1쇄 발행 | 2013년 11월 26일

지은이 | 공원식
펴낸이 | 문미화
펴낸곳 | 책읽는달
주소 | 서울 영등포구 양평동5가 39번지
　　　우림라이온스밸리 1차 A동 1408호
전화 | 02)2638-7567~8
팩스 | 02)2638-7571
블로그 | http://blog.naver.com/bestlife114
등록번호 | 제2010-000161호

ⓒ 공원식, 2013

ISBN 979-11-85053-05-9   03340

*이 책의 무단전재와 무단복제를 금하며, 책 내용의 전부 또는 일부를 이용하려면 반드시 책읽는달의 동의를 받아야 합니다.

*잘못된 책은 본사나 구입하신 곳에서 바꾸어 드립니다. 책값은 뒤표지에 있습니다.